후발 공업국가에서 복지국가의 생성

지은이 심성지

목 차

I. 들어가는 글 … 11

II. 복지국가 형성과 발전에 대한 이론적 개관
  A. 이론적 개요 … 15
    1. 복지국가의 형성과 발전에 대한 경제적, 정치적 접근 … 15
    2. 복지국가 발전과 국가와 정당의 역할 … 21
    3. 이러한 설명들이 한국 사회에 적용될 수 있을까? … 24
  B. 후발 산업화와 사회 정책의 관계 … 26
    1. 한국에서의 후발 산업화의 특성 … 26
    2. 사회 통제로서 사회 정책 … 32

III. 산업화와 노동구조 변화 - 역사적 배경 -
  A. 정치 체제의 변화와 정당성확보 … 37
    1. 5.16 군사정부 … 37
    2. 제3공화국 … 39
  B. 산업화 과정 … 43
    1. 후발 산업화의 동기 … 44
    2. 새로운 엘리트의 등장 … 49
    3. 국가와 기업 간의 개편된 관계 … 52
    4. 개발 전략으로서의 5개년 계획 … 54
  C. 산업화의 전제로서 노동력의 변화 … 64
    1. 인구학적 변화 … 65
    2. 도시화 … 66
    3. 노동력 구성의 변화 … 67
    4. 노동자의 생활 상황 … 73

IV. 사회 정책 시스템

A. 복지국가의 형성 … 80
  1. 군사정부의 정당성 확보 수단으로서의 사회 정책 … 80
  2. 1960년대 초 사회 정책의 기획 … 86
  3. 1960년대 말 사회 정책의 후퇴 … 89

B. 사회 정책적 개별 조치 … 93
  1. 노동 및 노동조합 입법 … 93
  2. 1960년대 노동법의 주요 내용 … 96
  3. 사회보험 조치 … 98
  4. 사회부조 … 101
  5. 1960년대 사회 정책에 대한 비판적 평가 … 103

V. 사회 정책 발전의 취약점
  1. 노동조합과 근로자 대표 … 108
  2. 노동운동 … 114
  3. 기업 복지제도 … 117
  4. 사회적 약점 … 118

VI. 나가는 글
  – 한국의 사회 정책은 산업화의 산물인가? … 124

[참고문헌] … 203

〈표〉〈그림〉목 차

표 1) 한국과 대만의 평균 성장률 … 13

표 2) 경제의 분열 … 21

표 3) 미국의 경제적, 군사적 지원 … 22

표 4) 산업화 이전 사회경제 지표 (1953 - 1960) … 22

표 5) 학생 수 (1945 - 1975) … 23

표 6) 정부 내의 군출신 인사숫자 1961 - 1975 … 24

표 7) 1차 5개년 계획과 성과(1962-1966) … 28

표 8) 수출구조 1958 - 1969 … 28

표 9) 베트남에서의 소득 … 31

표 10) 2차 5개년 계획과 결과 (1967-1971) … 32

표 11). 인구 변동 (1956 - 1970) … 33

표 12) 경제활동인구 변화 1963 - 1971 … 34

표 13) 토지 경작 면적에 따른 구분 (1960-1975) … 34

표 14) 산업별 고용 인구(1963 - 1971) … 35

표 15) 노동자의 임금 형태에 따른 고용(1964- 1971) … 36

표 16) 고용 형태에 따른 구분(1964 - 1971) … 36

표 17) 실업률 1963 - 1971 … 37

표 18) 불완전고용1963- 1971 … 37

표 19) 계절 노동자 1964 - 1971 … 38

표 20) 임금 변화 1962-1975 … 38

표 21) 임금 비율 1965, 1970 … 39

표 22) 산업별 주당 노동 시간 1964-1971 … 40

표 23) 주당 노동 시간의 국제 비교 … 40

표 24) 작업장 사고 발생률 (964-1971) … 41

표 25) 사회보험의 국제 비교 1934-1960, … 43

표 26) 의사 수와 병원 수 변화 … 44

표 27) 사회보험 대상자 … 47

표 28) 초기 산업화 과정에서 계급의 변화 … 56

표 29) 복지 예산 (1961-1972) … 57

표 30) 노동조합 및 조합원 수 (1961-1971) … 60

표 31) 노사협의회 수 (1966-1970) … 61

표 32) 노사 갈등 요인 (1963-1973) … 62

표 33) 국방비 지출 (1961-1972) … 66

그림 1) 복지국가의 출현과 발전 … 10

I. 들어가는 글

　이 글의 목적은 한국의 산업화와 사회 정책[1] 사이에 어떠한 관계가 존재하는지를 규명해보려는 시도이다. 한국의 사회 정책은 1961년 군사혁명으로 정권을 잡은 군사정부에 의해 비로소 추진되기 시작했다. 군사혁명의 계기는 1960년대 한국 사회에 큰 사회적 혼란이 확산되었고, 당시의 장면 정부가 이를 해결하지 못했기 때문이었다. 군사정권은 이 사회적 혼란을 해소하기 위해 강력한 정부의 필요성을 인식했고, 이러한 필요에 따라 혁명을 일으켜 정권을 장악하게 되었다. 혁명을 통해 정권을 잡은 이 군사정부는 경제 성장을 최우선 목표로 삼고 산업화를 추진했다. 산업화 시도 외에도 이 정부는 한국 역사상 처음으로 사회 정책에 대한 계획을 수립하고 이를 실현하려 했다. 이전의 정부들은 사회 정책을 거의 실행한 적이 없었다. 정부는 수출지향적 산업화를 목표로 삼았다. 수출지향적 산업화를 실행하기 위해 정부는 외국 자본에 의존하였다. 산업화는 큰 성공을 거두었다. 한국은 경제개발 5개년 계획을 두 차례 시행하는 동안 10년 만에 엄청난 물질적 성장을 이루었다. 이 산업화 과정에서 정부는 복지국가 실현을 시도하며 사회 정책을 시행했다. 이러한 사회 정책은 산

---

[1] Kaufmann, F.X., 1982: 사회 정책의 사회학 이론의 대상은 국가가 '사회적 관계'에 개입하는 것이다. 보다 정확히 말하면, 사람들이 일상생활을 영위하는 구조적 조건에 대한 개입이다. 여기에는 생산 영역('노동')뿐만 아니라 재생산 영역(사회화, 노동력의 재생산, 비경제적 목적을 위한 사용 가능한 시간)도 포함된다. In; Kaufmannn,F.X. (Hrsg.); Staatliche Sozialpolitik und Familie, p.62, München, Wien.

업화가 시작된 1960년대에 기획되고 실행되었으나 산업화가 진전될수록 정부의 노동시장 개입이 증가하면서 사회 정책은 점점 약화되고 정체되었다.

한국의 사회 정책이 후퇴한 이유는 서유럽의 경우와는 다르다. 서유럽의 사회 정책은 산업화가 진행된 후에 발전했지만, 한국의 사회 정책은 산업화에서 큰 성공을 거두었음에도 불구하고 발전하지 못했다. 이러한 점에서 산업화와 사회 정책 간의 상호관계를 분석할 수 있다.

따라서 본 글에서는 한국 사회 정책의 성격이 어떠했는지, 사회 정책 계획과 정책이 왜 후퇴하게 되었는지, 그리고 이 후퇴의 문제점이 어디에 있는지를 설명하고자 한다.

한국 사회 정책의 성격을 규명하기 위해서는 1960년대 한국의 산업화를 살펴보는 것이 필수적이다. 이를 위해 다음과 같은 점들을 분석하고자 한다.

1) 한국 산업화의 성격은 어떠했는가?
2) 산업화는 어떤 집단에 의해 주도되었는가?
3) 산업화를 통해 노동자의 삶은 어떻게 변화했는가?
4) 산업화와 사회 정책 사이에는 어떤 상호관계가 있는가?

이 분석을 위해 복지국가와 산업화 사이의 관계에 대한 이론들을 개괄적으로 살펴 보고자 한다. 그러나 특정 이론을 본 저서에 직접 적용하지는 않을 것이다. 이론 개관은 서구의 복지국가 발전 이론을 살펴 보고 한국 사회 정책 발전을 위한 변수를 고려하기 위해 검토해 보고자 한다.[2] 본 연구는 연대기적 접근을 하고자 하며, 분석 시

---

2) Midgley, James.1986: Industrialization and Welfare. The Case of the Four Little Tiger In: Social and Administration Vol. 20 Nr. 3, pp.225-238.

기는 1960년대로 한정할 것이다. 그 이유는 한국의 산업화가 1960년대에 시작되었고, 이 시기에 경제가 급속히 발전했으며, 사회 정책이 처음으로 도입되었기 때문이다.

이 저서의 의의는 다음과 같은 점에 있다.

첫 번째로는 한국 사회 정책 형성 과정의 성격을 살펴보고 두 번째는 초기 한국 사회 정책 구조에 대한 평가를 시도한다. 이 두 가지를 통해 한국의 정치 및 사회 시스템을 이해하는 데 기여해 보고자 한다.

본 연구를 통해 개발도상국의 사회 정책 도입 및 발전에 대한 학문적 탐구에 기여하고자 한다. 왜냐하면 사회 정책의 성격과 복지국가 발전에 대한 분석은 대부분 서유럽 모델을 기준으로 이루어졌고, 이에 반해 개발도상국의[3] 사회 정책에 대한 학문적 연구와 분석은 충분히 이루어지지 않고 있기 때문이다.[4]

본 저서는 다음과 같이 구성한다.

첫 번째 장에서는 지금까지 주류를 이루고 있는 복지국가 이론을 고찰해 본다. 이 이론들이 주로 다루고 있는 복지국가의 형성과 발전에 대해 한편으로는 산업화와 복지국가 간의 직접적인 관계를 다루는 경제접근과 다른 한편으로는 정치적 요인을 통해 설명하는 정치적 접근에 대해 살펴보고자 한다.

---

[3] Serfas, Alexander.1987: '개발도상국'이라는 개념은 제3세계 많은 국가들의 상황을 미화하며, 본질적으로는 저개발, 후진성, 그리고 빈곤을 정중하게 표현한 말에 불과하다. An der Schwelle zum Industrieland. p.1.
[4] 참조. Midgley, James.1986: Industrialization and Welfare. The Case of the Four Little Tiger In: Social and Administration Vol. 20 Nr. 3, pp.225-238.5) Midgley, James.1985: 복지와 산업화에 대한 기존 이론들은 서구 국가들의 역사적 경험을 바탕으로 추상화된 것이며, 제3세계의 신흥 산업국(NICs)에 비추어 그 경험적 타당성을 평가하려는 시도는 이루어지지 않았다. 출처: 산업화와 복지: 네 마리 작은 호랑이의 사례 (Industrialization and Welfare: The Case of the Four Little Tigers) In; Social Policy and Administration, Vol. 20, Nr.3, 1986.

두 번째 장에서는 한국 산업화의 동기와 주체, 그리고 산업화를 위한 주요 전략인 계획경제의 내용을 살펴본다.

세 번째 장에서는 첫 번째로 산업화 과정에서 노동구조의 변화와 발전을, 두 번째로 그러한 급격한 노동구조 변화 속에서 노동자의 생활 실태를 살펴보도록 한다.

네 번째 장에서는 '산업화와 사회 정책의 관계에 대한 성격'이라는 주제가 어떤 의미를 갖는지에 대해 분석한다.[5] 이 장에서는 정치적, 법적, 사회적 요인을 중심으로[6] 산업화 과정에서 사회 정책이 어떻게 형성되고 변화했는지를 분석한다. 그리고 첫 번째로 정치적 요인으로서 정책 설계를, 둘두번째 법적 요인으로서 노동법과 관련 법률 및 사회보장을, 세 번째 사회적 요인으로서 노동조합의 역할을 살펴본다.

다섯 번째 장에서는 초기 산업화 과정에서 한국 사회 정책이 발전하지 못한 이유들을 다양한 측면에서 고찰해 보고자 한다.

---

[5] Midgley, James.1985: 복지와 산업화에 대한 기존 이론들은 서구 국가들의 역사적 경험을 바탕으로 추상화된 것이며, 제3세계의 신흥 산업국(NICs)에 비추어 그 경험적 타당성을 평가하려는 시도는 이루어지지 않았다. 출처: 산업화와 복지: 네 마리 작은 호랑이의 사례 (Industrialization and Welfare: The Case of the Four Little Tigers) In: Social Policy and Administration, Vol. 20, Nr.3, 1986.
[6] 참조. Esping- Anderson, G. 1990: 하나의 강력한 단일한 인과적 힘을 찾으려는 희망은 버려야 한다. The Three Worlds of Welfare Capitalism. p.29.

II. 복지국가 형성과 발전에 대한 이론적 개관

A. 이론적 접근

1. 복지국가의 형성과 발전에 대한 경제적·정치적 접근

한국에서의 사회 정책과 산업화 사이의 관계를 살펴보기 위해, 복지국가 발전의 요인에 따라 정치적, 사회경제적, 그리고 국가 중심의 발전 이론들에 대한 간단한 접근을 해 보고자 한다. "장기적으로 볼 때, 경제 수준은 복지국가 발전의 근본 원인이지만, 그 효과는 주로 지난 세기의 인구통계학적 변화와 일단 제도화된 프로그램들의 관성(momentum)을 통해 나타난다. 근대화와 함께 출산율은 감소하고, 노인의 비중은 증가한다. 이는 아동의 경제적 가치가 감소하는 현상과 맞물려 복지 지출의 압력을 증대시킨다. 복지 제도가 한 번 성립되면, 그것은 성숙해가며 점차 더 넓은 대상과 높은 수준의 혜택으로 나아간다. 사회보장의 성장은 경제 성장과 그 인구학적 결과의 자연스러운 수반이며, 정치 엘리트의 인식, 대중의 압력, 복지 관료제의 상호 작용에 의해 가속화된다."[7]

윌렌스키(Wilensky)는 그의 저서 『복지국가와 불평등(The Welfare State and Inequality)』에서 경제 발전이 복지국가의 형성에 중요한 원인이라고 주장한다. 그는 국가의 성격이 사회주의든 자본주

---

[7] Wilensky.H& Lebeaux. C . 1975: Industrial Society and Social Welfare. p.47, A Free Press, N.Y

의든, 민주주의든 전체주의든 상관없이, 경제 수준이 같으면 사회 정책은 유사한 방식으로 발전한다고 말한다. 윌렌스키는 미국의 사회복지 형성을 설명하기 위해 산업주의(industrialism) 개념을 사용한다. 그의 설명에 따르면, 산업화는 농민의 노동 및 직업 형태를 변화시키고, 새로운 생산 시스템은 직업의 불안정성, 노동의 전문화, 계층 및 사회 이동성을 가져온다. 그는 산업화 초기 단계에서의 전문화가 곧 '로봇화(robotization)'를 의미하며, 이는 기술적 실업을 유발하고, 이러한 변화가 가족생활과 공동체에 급격한 영향을 미친다고 본다. 그의 견해에 따르면, 산업화는 가족의 분리, 가족 규모의 축소, 일부 가족 구성원이 가족으로부터 이탈하는 경향을 초래한다. 또한 이 과정에서 아동과 여성의 지위 역시 변화한다. 산업화 과정에서 '화이트칼라' 계층이 전문직 계층으로 등장하며, 그 내부 구성에도 변화가 생기고, 경쟁과 지배가 일어나면서 사회와 조직의 형태, 공장 규모 등이 커진다. 이는 소득 보다 공정한 분배로 이어진다는 것을 의미한다. 그러나 산업화는 도시화와 연결되며, 도시화는 새로운 사회문제를 동반하게 된다. 윌렌스키는 정치 시스템이 중앙집중화될수록 정부는 사회복지 비용을 더 많이 지출하고, 사회의 평등이 강조된다고 주장한다. 그는 또한 사회의 동질성이 높아질수록 사회 정책의 발전 수준도 높아진다고 본다.

"신규 유입자들의 적응 문제, 도시 성장, 빈민가 과밀, 실업과 부상, 정신 질환 및 의료, 비행과 범죄, 소수자 집단의 기회 불균형 등의 문제가 나타난다. 다른 문제들도 심화된다. 여가 시간 활용, 노동자 재훈련, 고령 노동자, 교외 확산, 출퇴근 문제, 대중 교육에도 불구하고 창조적 문화의 유지 등. 산업화의 불균등한 발전은 지역마다 서로 다른 새로운 문제를 발생시킨다." 윌렌스키는 비교 연구를 통해 복지 노력은 국가의 경제 발전 수준에 따라 달라진다고 주장한다. 그는 경제 수준과 복지국가 발전 사이에 강한 연관 관계가 있음을 주장한다.

"경제 성장과 그것의 인구통계학적, 관료적 결과는 복지국가 출현의 근원이다. 즉, 유사한 사회보장 제도의 수립, GNP 중 해당 제도에 할당된 비율의 증가, 포괄적 적용을 향한 추세, 유사한 재정 방식 등이 그것이다."[8]

사회복지서비스의 발전은 자본주의 사회의 변화에서 자연스럽게 일어난 것으로, 그 변화가 초래하는 새로운 필요성—예를 들어 실업, 고령화—에 대한 대응으로 이해된다. 이와 유사한 연구들은 경제 발전과 산업화·근대화의 사회적 결과가 복지서비스와 복지국가 발전의 주요 결정 요인이라는 주장에 힘을 실어준다.

"경제 수준의 우위성과 그에 수반되는 인구·관료 구조는 수렴 가설을 뒷받침한다. 즉, 경제 성장은 서로 다른 문화·정치 전통을 가진 국가들을 복지국가 건설 전략에 있어 서로 닮아가게 만든다. 즉, '어느 누구도 밑으로 떨어지지 않는 바닥'을 마련하는 전략에서 말이다."

윌렌스키의 수렴 이론과 유사한 개념으로는 '확산(diffusion)'이론이 있다. 이 확산 이론은 사회 정책의 도입과 시행을 선진국가의 복지제도를 모방하는 과정의 결과로 설명한다.[9]

확산 이론은 두 가지로 나눌 수 있는데, 하나는 인접국으로부터 영향을 받는 공간적 확산(spatial diffusion), 다른 하나는 선진국에서 정치·경제·사회적으로 덜 발달된 국가로 영향을 미치는 위계적 확산(hierarchical diffusion)이다.

콜리어(Collier)와 메시크(Messick)는[10] 이러한 확산이 식민 통치

---

8) Lampert,Heinz., Notwendigkeit, Aufgaben und Grundzüge einer Theorie der Sozialpolitik.", p.15, In; Thiemeyer, T (Hrsg.), Theoretische Grundlagen der Sozialpolitik., Berlin,
9) Wilensky, H 1975: The Welfare State and Equality: Structural and Ideological Roots of public Expenditure. S xiii, Berkley, Uni. California Press
10) Collier,David/ Messick, Richard.1975: Prerequisites versus Diffusion: testing alternative explanations of security adoption., In; The American Political Science Review, Vol.69, S. 1306

(colonial rule)와 같은 의사소통 경로를 통해 전파될 수 있다고 주장한다. 그들은 위로부터의 확산뿐만 아니라 아래로부터의 확산도 주장한다. 예를 들어, 독일은 영국보다 산업화는 덜 진척되었지만 먼저 사회 정책을 도입했고, 영국은 독일의 복지제도를 수용한 역사적 전개 과정을 예로 아래로부터의 확산을 설명하고 있다.[11] 콜리어와 메시크는 산업화 과정이 사회 정책의 형성에 영향을 미친다고 보며, 이는 농업 노동력이 산업 부문으로 이동하면서 나타나는 현상이라고 설명한다. 그러나 그들은 사회 정책의 형성은 각 국가의 수준과 체제에 따라 달라진다고 주장한다. 어떤 국가에서는 사회 정책이 전혀 형성되지 않기도 한다. 그들은 농업·산업 부문 노동력 비율과 실질임금을 통해 산업화가 사회 정책 발전과 어떤 관계를 가지는지를 설명하고자 하였다. 그 결론은, 산업화의 발전 수준은 사회 정책 도입을 위한 필요조건이 될 수 있으나, 충분조건은 아니라는 것이다.

서유럽의 산업화 및 사회 정책의 형성과 발전은 다음과 같이 요약할 수 있다.

산업화 수준이 높아질수록, 단순한 농업 사회는 복잡한 산업 사회로 빠르게 전환된다. 자영농 및 상인들은 임금을 받는 노동자로 전환되며, 이러한 노동력의 변화는 고용된 자와 실업자 사이의 구분을 만들어낸다. 고용에 따른 정기적인 소득은 생계의 주요 원천이 되며, 이러한 노동력을 보호하기 위한 필요가 커진다. 하지만 실업, 질병, 노화 등의 요인으로 소득이 영향을 받게 되면 사회문제가 발생한다. 실업보험은 이러한 소득 보전 문제를 해결하기 위해 고안된 제도이

---

11) . G. Vobruba (Hg.)1989: Gerade in den – verspäteten Nation –z.B Deutschland, Österreich ,die staatliche Sozialversicherungsgesetzgebung relativ früh einsetzte. p.226.

12) 참조. Lampert, Heinz. 1990: Lampert는 사회 정책이 형성되기 위한 조건으로 다음과 같이 주장했다: 특정 사회 집단의 생활 여건에 영향을 미칠 필요성이 발생하거나 존재하는데, 그 이유는 그렇지 않을 경우 사회의 존재 자체가 위협을 받거나, 정치적 결정권자들이 인정한 목표가 위반되기 때문이다. 필요하거나 바람직하다고 여겨지는 생

다.[12] 즉, 산업화와 관련된 실업의 변화는 산업화 이전 사회보다 훨씬 더 큰 규모로 사회 정책의 필요성을 증대시켰다. 임금 기반의 산업화는 가족 구조에도 영향을 미친다. 가족의 사회적 기능이 약화되며, 사회 내 취약성이 증가한다. 이로 인해 많은 여성들이 노동시장에 진입하게 되며, 사회는 여성들이 가정 내에서 기존 역할을 유지할 수 있는 사회 정책적 조치의 도입이 필요하게 된다. 또한 산업사회에서 노인 계층의 사회적 지위가 낮아지는 경향이 있다. 이는 산업화 이전의 사회에서 노인은 지혜와 경험으로 인해 가족, 종교, 정부 영역에서 높은 지위를 가지고 있었으나, 산업화로 인해 가족 규모 축소, 기술의 급변, 사회 구조와 문화 가치의 변화가 일어나면서 이들의 영향력은 줄어든다. 이전에는 노인의 생계가 가족 또는 친족의 비공식적 지원에 의해 보장되었지만, 산업화는 이러한 관계를 변화시켜 노인을 위한 사회 정책의 필요성을 만들어내게 되었다.

람퍼트(Lampert)는 사회 정책의 성립 조건을 다음과 같이 설명한다.[13]

1) 문제 해결의 긴급성: 이는 사회 정책상의 수요가 다른 사회적·개인적 수요와 비교해 어느 정도 긴급한지를 의미하며, 사회 정책 내에서도 서로 다른 수요들 간의 긴급성의 차이를 포함한다.
2) 문제 해결 능력: 이는 사회 정책 목적을 위해 경제적 자원을 사용할 수 있는 가능성과, 특히 제도 및 조직 등 적절한 도구를 활용할 수 있는 능력을 의미한다.
3) 정치적 주체들의 문제 해결 의지: 이는 단순한 문제 해결 능력

활 여건의 개선 또는 영향은 개인의 자책임이나 기존 또는 상상 가능한 비국가적 기구들의 도움으로는 달성할 수 없다. 즉, 사회 정책은 어떤 집단의 삶의 조건을 국가가 나서서 개선해야 할 만큼 심각한 상황일 때, 그리고 그것이 개인이나 민간으로는 해결할 수 없을 때 형성된다는 의미다.
13) Lampert, Heinz.1990: Ebenda. S. 21.

과는 별개로, 수요가 존재하고 자원이 있다 하여도 정치적 판단에 따라 사회 정책의 도입 여부와 범위, 방식이 달라질 수 있음을 의미한다.

하지만 이러한 이론은 경제 발전과 복지국가 발전 사이의 관계를 입증하지만, 모든 국가에 적용되는 사회 정책의 특성을 설명하지는 못한다.

윌렌스키가 경제적 측면에서 복지국가의 성립을 설명하려 했다면, 캐슬(Castles)과 맥킨리(McKinlay)는[14] 스칸디나비아 사례를 통해 정치적 관점에서 복지국가를 설명하고자 하였다.

"스칸디나비아 국가들의 많은 학자들은 지난 반세기 동안 덴마크, 노르웨이, 스웨덴에서 복지 수준이 높은 것은 사회민주주의 정당 덕분이라는 데 대체로 동의한다."

이들은 우파 정당의 약세가 복지국가 발전의 필요조건이라고 주장하지만, 그것만으로는 충분조건이 아니라고 본다. 이들은 노동운동의 강력함과 사회 정책에 대한 요구가 스칸디나비아 복지국가의 형성에 결정적이었다고 본다. 실제로 비스마르크의 1880년대 사회 정책, 1911년 로이드 조지의 실업보험, 1969년 이탈리아에서의 사회 정책 확산, 영국의 국민건강보험(NHS) 도입 등은 모두 노동계급과 관련 단체들의 요구로부터 출발하였다.[15]

하이덴하이머(Heidenheimer)[16]는 복지국가 성립에 있어 노동조

---

14) Castles,F/McKinlay,R.1979: Public Welfare Provision: Scandinava and Sheer Futility of the sociological Approach to Politics. In; British Journal of Political Science, Vol.9, 1979. pp. 157-171.
15) Rimlinger,C.1971: Welfare Policy and Industrialisization in Europe, America and Russia
16) Heidenheimer,A. 1973: The Politics of Public Education, Health, and Welfare in the USA and Western Europe., In; British Journal of Political Science., Vol.3, 1973, pp.315-340.

합의 발전이 중요하다고 본다. 그는 보수적 체제(프로이센, 호주 등)에서는 사회 정책이 가부장적 원칙에 따라 도입된 반면, 자유주의 정부는 노동자들이 정치적 힘을 가지기 전까지 사회 정책을 도입하지 않았다고 지적한다. 그는 또한, 미국 노동자들은 교육을 사회적 이동의 수단으로 보는 반면, 유럽의 노동자들은 사회 정책과 사회보험을 사회정의의 수단으로 인식한다고 설명한다. 이러한 정치적 목표와 전략의 차이로 인해 미국은 교육제도는 우수하나, 유럽은 복지국가 제도가 더 발전했다는 결론을 도출한다.

오페(Offe)[17]는 복지국가의 기본 기능을 정당화(legitimation)와 축적(accumulation)으로 이해한다. 국가는 한편으로는 자본의 이익을 추구하면서, 다른 한편으로는 사회 질서의 중립적 조정자 역할을 수행한다. 사회 정책은 이 정당화를 위한 수단으로 사용되지만, 이는 자본축적 과정에 충돌하지 않는 범위 내에서만 가능하다. 따라서 1970년대 중반 경제적 혼란 속에서 국가는 구조적 선택(structural selection)을 하게 되며, 이는 지배 계급을 더욱 지지하는 방식으로 사회 정책을 선택하는 경향을 낳는다. 노동자들이 자본가 계급과의 투쟁에서 사회 정책의 발전을 이끌었더라도, 그 결과가 자본주의 사회를 근본적으로 변화시키지는 못했다고 그는 본다.

2. 복지국가 발전과 국가와 정당의 역할

사회민주주의 정당이 복지국가 발전에 핵심적 역할을 했다는 시각도 있다. 이는 복지국가의 발전이 경제적 수준에 따라 결정된다고 본 윌렌스키의 이론과 상반된다. 이들은 복지국가는 정치의 영역에서 다뤄져야 하며, 정당의 정치적 구성이 핵심적 요인이라고 주장한

---

[17] Offe, Claus.1982: Some Contradictions of the Modern Welfare State., In; Critical Social Policy, Vol. 2, No.2, pp.7-16.

다. "사회민주주의란, 명시적으로 사회주의 이상을 추구하거나 노동자 계층의 이익을 대변한다고 주장하면서도 대표 민주주의 규범을 따르는 운동 및 정당을 뜻한다. 특히, 사회민주주의 정당은 사회주의 인터내셔널에 가입되어 있어 일정한 이념적·프로그램적 동질성을 갖는다." [18]

복지국가 발전의 결정적 요소는 다음과 같다:
1. 노동자 계층의 강도 (노동조합 조직률로 측정)
2. 노동운동의 집중도, 연대 및 힘
3. 사회민주당이 정부를 구성하는 지속성

"국가는 사회주의 목표 달성의 수단으로 간주한다. 사회민주당 대표들이 선거를 통해 집권하면, 입법은 자본축적 과정을 사회적으로 통제하고 시장을 정치에 종속시키는 방향으로 이루어진다. 복지국가는 자본주의에서 사회주의로 이행하는 기제이자 구성 요소이다."[19]

그러나 이러한 이론에도 약점이 있다. 사회 정책은 반드시 사회민주주의 정부에서만 발전하지는 않는다. 플로라(Flora)와 알버(Alber)에 따르면,[20] 독일의 사회보장 제도는 노동자 계급이나 그들의 조직이 아닌 보수적 지배 세력에 의해 도입되었다. 윌렌스키의 비교 연구에서도 기독교 정당이 집권할 때가 사회민주당 집권기보다 사회 정책 지출이 많았다는 결과가 나타난다.[21]

---

18) Hewitt, Christopher. 1977: The Effect of Political Democracy and Social Democracy on Equality in Industrial Society.,In; American Sociological Review, vol.42, p. 450-464.
19) Adams,Paul.1988: Social Democracy, War and Welfare State., In; Journal of Sociology and Social Welfare, Vol.15, No.2, pp.27-45.
20) Flora,Peter/Alber,Jens.1981: Modernization, Democratization, and the Development of the Welfare States in Western Europe., pp.37-80.
21) Wilensky, H.1981: Leftism, Catholicism, and Democratic Corporatism: The Role of Political Parties in Recent Welfare State Development., In; Flora,P/Heidenheimer, A(Hrsg.), The Development of Welfare States in Europe and America., Priceton, pp.345-382.

이들과 달리 국가 자체의 역할에 주목하는 학자들도 있다.

"국가는 단지 가장 강한 세력의 도구가 아니라, 독립적 행위자로서 일정한 헤겔적 또는 힌치안(Hintzean) 자율성을 갖고 있다. 사회 정책의 발전은 특정 집단의 요구를 단순히 반영하는 것이 아니라, 국가가 스스로 문제를 인식하고 해결책을 제시하는 능력에 달려 있다."[22]

볼드윈(Baldwin)은 단순히 노동자 계급 대 부르주아 계급이라는 이분법을 비판하며, 정책 결정 과정에서 국가의 역할을 강조한다.

Skocpol은 국가는 잠재적인 자율성을 가지며, 억압과 행정 능력을 통해 지배 계급이나 사회 내 다양한 집단의 이해관계를 통제할 수 있다고 주장하였다. 그녀는 국가의 지도층은 행정조직과 전문가 그룹으로 구성되어 있으며, 이들이 국가수반과 관리들에게 조언을 제공한다고 보았다.[23] 이러한 관점에서 보면, 복지국가의 발전은 근본적으로 국가의 지도층과 전문가들이 경제적·정치적 갈등에 어떻게 개입하는지에 따라 결정된다. 따라서 국가와 행정력이 발달할수록 복지국가도 발달하게 되며, 이러한 발전은 민주주의와 관료제의 결과라고 할 수 있다.

국가의 이와 같은 잠재적 자율성은 정치 내부의 구조적 요인과 경기변동의 장기적인 연구를 통해서 발견될 수 있다. 또한 국가에 대한 연구는 계급, 집단, 사회 자체에만 국한되지 않고, 사회경제적·문화적 구조에 대해서도 다룬다.

"미국의 사회복지 제공의 단계와 패턴을 분석하려면, 미국의 역사적 구조와 정치에 주목하고, 이러한 구체적이고 변화하는 거시 정치적 틀에 관련된 민주적 압력과 엘리트의 정치 개혁 노력모두를 고려

---

22) Baldwin, Peter.1990: The Politics of Social Solidarity., Cambridge., Cambridge Uni.Press, p.45.
23) Skocpol, T/Evans, P/Rueschemeyer, D. 1992: Strategies of Analysis in Current Research., p. 361.

해야 한다."[24]

위에서 설명한 바와 같이, 복지국가는 사회적 변화와 발전의 맥락에서 이해되어야 하며, 그 사회가 사회주의적이든 자본주의적이든 관계없다. 복지국가는 복합적이고 다원적인 성격을 가지고 있으며, 그 성격은 사회 이데올로기, 정치·경제 시스템, 사회의 전문화, 문화적 전통등이 상호작용하면서 형성되고, 이는 사회 변화와 발전에 영향을 미친다.

이것을 정리해 보면 아래 도표와 같다.

그림1) 복지국가의 출현과 발전

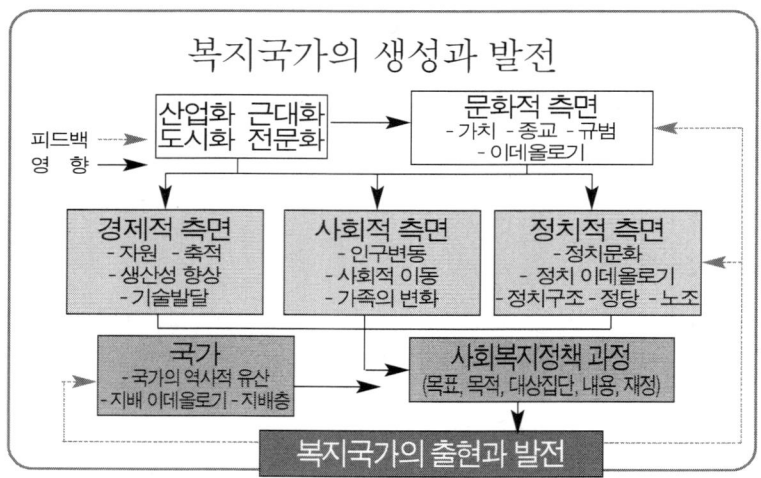

3. 이러한 설명들이 한국 사회에 적용될 수 있을까?

복지국가(Wohlfahrtsstaat)와 사회국가(Sozialstaat)는 차이가 있다.

---

[24] Skocpol,T/ Ikenberry,J. 1983: The Political Formation of the American Welfare State in Historical and Comparative Perspective., In: Comparative Social Research, Vol.6, p.91.

아사 브리게스(Asa Brigges)[25]에 의한 복지국가의 정의는 다음과 같다:

"조직된 권력이 정치와 행정을 통해 시장의 힘이 작용하는 방식을 최소한 세 가지 방향에서 수정하려는 노력이다.
1. 개인과 가족에게 그들의 노동이나 재산의 시장 가치를 상관없이 최소한의 소득을 보장한다.
2. 질병, 노령, 실업 등의 '사회적 불확실성'을 해결함으로써 개인과 가족이 위기 상황을 겪지 않도록 한다.
3. 모든 시민들이 신분이나 계층에 관계없이 일정 범위의 사회 서비스에 대한 최고 수준을 제공받을 수 있도록 보장한다."

반면, P. 코슬로프스키(P. Koslowski)[26] 는 사회국가의 정의를 다음과 같이 설명한다: "독일 사회국가는 원래 복지를 실현하기 위해 설계된 것이 아니라, 질병, 산업 재해, 실업, 노령 연금 등의 위험에 대한 사회적 보험을 보장하기 위해 설계되었다. 이는 일반적인 사회 복지를 제공하기 위한 목적이 아니었다."

일본은 메이지 시대에 독일의 사회 정책 시스템을 채택하였고, 한국은 산업화 초기 일본의 시스템을 채택했다. 그래서 한국에서는 복지국가라는 용어가 독일에서 사용하는 사회국가라는 용어와 비슷한 의미로 사용된다.[27]

서유럽의 사회 정책 형성과정에 대한 설명으로 한국의 복지국가 형성을 이해하는 데 어려움이 있다. 이러한 어려움은 두 가지 관점에서 살펴볼 수 있다.

---

25) Brigges, Asa.1961: The welfare state in Historical perspective, S. 228 zit nach Hauser, R(Hrsg.) Alternative Konzeptionen der sozialen Sicherung., p.15.
26) Koslowski.P. 1997: Restructuring the welfare state., 1997, S.337 zit nach Hauser, R(Hrsg.) Alternative Konzeptionen der sozialen Sicherung., p.16.
27) 고영복, 1991: 사회 정책 이론. pp.45-46.

1) 첫 번째는 경제적 관점이다.

산업화와 함께 노동자 계급이 형성된다. 노동자 계급은 자신의 열악한 근로 조건을 개선하고 이익을 실현하기 위해 집단화된다. 이를 통해 산업화 이후의 문제들을 극복할 수 있었다. 서유럽에서 노동자 계급의 이러한 활동이 사회 정책을 형성하게 했다. 그러나 한국에서는 산업화 이전에 이미 사회 정책이 도입되었다. 그 이유는 정치적 엘리트들이 서유럽의 근대화 목표를 지향하면서 사회의 모든 영역을 서구의 방식에 맞추었기 때문이다. 이는 서유럽의 자본가들이 민간 부문에서 이익을 추구하기 위해 산업화를 진행한 것과는 다르게, 한국의 산업화는 국가 주도로 서구를 추격하는 후발 산업화였기 때문이다.

2) 두 번째는 정치적 관점이다.

한국에서 복지국가의 형성 과정에서 중요한 역할을 한 것은 한국의 노동자 계급이 아니었다. 당시 한국의 노동자 계급은 조직을 형성할 준비가 되어 있지 않았고, 정부의 힘을 결집하는 방향으로 나아갈 수 없었다. 따라서 노동자 계급은 사회 정책 결정에 큰 영향을 미칠 수 없었다. 또한, 한국에는 사회주의 정권이 존재하지 않았기 때문에 사회 정책의 발전에 결정적인 영향을 미칠 수 있는 정치적 환경도 없었다. 이는 사회주의 정당이 미군 점령과 한국 전쟁을 겪으면서 사라졌기 때문이다.

B. 후발 산업화와 사회 정책 간의 관계

1. 한국에서의 후발 산업화의 특성

서구에서의 산업화는 자본가들의 이윤 추구에 의해 발전하였다. 반면, 후발 산업화를 진행하는 국가들에서는 국가가 가능한 모든 사회적 자원을 동원하여 산업에 투자하며, 다른 사회적 분야들은 경제 성장에 부수적인 역할을 한다. 이는 후발 산업화 국가들이 서구의 현대화를 따라잡기 위해 빠른 경제 성장이 필요하기 때문이다.[28]

게르셴크론(Gerschenkron)은 '뒤처진' 국가들에서는 산업화의 장애물과 그 가능성 사이의 격차를 해소하기 위해 특정한 제도적 혁신과 산업화에 긍정적인 가치를 채택할 필요가 있다고 주장한다. 뒤처진 국가들은 산업화를 추격할 수 있는 전제 조건을 마련해야 한다. 그는 특히 국가의 역할을 강조한다.

한국에서의 국가의 행동 능력은 상대적으로 크다. 이는 식민지 시대의 유산과 관련이 있다. 즉, 식민지 시대에 과잉 개발된 국가 기구들, 특히 경찰 시스템과 국가 관료제가 반공적이었고 보수적인 성격을 갖는 국가 형성에서 중요한 역할을 했다. 국가가 식민지 시대에 큰 영향을 미친 좌파 계층을 배제하면서, 토지 개혁을 통해 지주들의 영향력을 제거하였다. 이로 인해 국가의 사회에 대한 영향력이 강화되었다.[29] 게르셴크론에 따르면,[30] 뒤처진 국가들은 계획적인 정책을 통해 선도 국가들이 이미 도입한 기술 혁신들을 빠르게 수용해야 한다. 이러한 계획적인 정책은 제2차 세계대전 이후 독립한 개발도상국들에서 국제기구인 UN의 권고에[31] 따라 시행되었으며, 이들은 빠른 경제 성장과 현대화를 이루기 위해 노력했다.

1950년대 중반부터 한국은 미국의 지원을 받아 새로운 정치적 아

---

28) Gunnar Myrdal 1971: 그것은 인과적으로 연결된 심오한 정치적 격변의 결과였다. 첫째, 식민지 지배 구조의 급속한 해체, 둘째, 저개발 국가들 내부, 특히 자국을 위해 사고하고 말하며 행동하는 교양 있고 자각한 엘리트들 사이에서의 발전에 대한 열망, 셋째, 국제적 긴장, 특히 냉전으로 인해 저개발 국가들의 운명이 선진국 외교정책의 중요한 과제가 되었기 때문이었다. p.6. Politisches Manifest über die Armut in der Welt
29) 참조. Hamilton, Clive.1980: Capitaist Industrialisation in East Asia's Four Little Tiger, S. 50, In; Journal of contemporary Asia, vol.10.
30) Gerschenkron, Alexander. 1962: Economic backwardness in historical perspective. Cambridge
31) Midgley,James : Social Development, p.126.

이디어를 도입하였고, 이는 중요한 정부 계획들에 의해 모든 경제 분야에서 장기적, 단기적 계획으로 이어졌다. 이러한 정치적 아이디어의 채택에 큰 영향을 준 것은 한국 정부의 네이션 위원회(Nathan Committee)보고서였으며, 이 보고서는 UNKRA의 추천을 받아 한국 경제의 재건을 위한 방향을 제시했다. 한국 경제 시스템은 1950년대 말부터 지원 시스템에서 대출 시스템으로 변화되었다. 즉, 미국은 한국을 돕기 위해 개발 대출 기금(DLF, Developmental Loan Fund)을 설립하였다. 그 이전에는 미국이 한국에 무상 원조를 제공했으나, DLF의 설립으로 미국의 원조 정책이 대출로 변화되었다. 이 경제적 전환은 한국이 산업화와 사회 재건에 필요한 자원을 자체적으로 동원해야 함을 의미했다. 그러나 이러한 경제정책의 변화는 미국의 영향력에 대한 의존도를 심화시켰고,[32] 한국 정부는 정치적 결정에서 자율성이 부족했다.[33]

자립 경제를 위한 5개년 계획은 처음에 장면 정부 하에 수립되었지만, 실제로는 박정희 정부 하에서 시행되었다. 이 5개년 계획은 수출을 중심으로 구성되었으며, 수출 지향적 정책은 첫째, 수입대체전략(Import Substitution Strategy), 둘째, 수출촉진전략(Export Promotion Strategy)의 두 가지 주요 원칙을 따랐다.[34]

---

32) Helgesen, Geir.1998: 미국의 한국 주둔 임무는 무엇보다도 공산주의에 맞서는 방파제를 구축하는 것이었다. 정치적 민주주의는 선호되고 희망되었지만, 한반도에 친미적이고 반소련적인 국가를 세우는 필요성보다 후순위였다.
S. 33, zitiert von Ahn, Byung- Man (1986). Industrialization and Political Parties in Korea In; Korea Social Science Journal, Vol. Xiii, 1986/87. Seoul

33) Luhmann, Niklas.1981: 정치인들은 자신들의 직무 수행에 대해 국민의 지지를 얻어야 했기 때문에, 국민의 이해관계에 맞추어 정책을 조정하고, 개선을 약속하며, 문제들을 지적하는 방식을 택하는 것이 자연스러웠다. 산업혁명 이후 생활조건이 점점 인위적이고 복잡해지면서, 이러한 방식으로 접근할 수 있는 정치적계기와 필요성은 충분히 많아졌다. Politische Theorie im Wohlfahrtsstaat

34) Boris,Dieter. 1991: Aspekte divergierender kapitalistischer Entwicklung in der Dritten

1) 수입 대체 전략 (Import Substitution Strategy)

이 전략의 목표는 특정 제품들을 세금, 할당량, 보조금을 통해 통제하고, 그동안 수입되었던 제품을 국내에서 생산할 수 있도록 하여 외국 제품으로부터 보호하는 것이다. 개발도상국에서 산업화 초기에는 자국의 산업이 자유무역 조건에서 경쟁할 수 없기 때문에, 내국 제품이 가격과 품질에서 경쟁 우위를 갖지 못한다. 따라서 정부는 세금과 할당량을 통해 외국 제품의 수입을 제한하고 자국 산업을 보호했다. 이를 통해 기업들은 국내 시장에서 경험을 쌓고 생산성을 높일 수 있는 기회를 가졌다. 이 전략은 1950년대와 1960년대에 라틴 아메리카와 아시아 국가들에서 널리 사용되었으며, 한국도 1950년대에 이 전략을 도입했다. 한국은 이 전략을 단기적으로 적용하여 성공을 거두었고, 라틴 아메리카 국가들은 이 전략으로 실패했다. 한국의 성공은 이 전략을 단기적으로 적용했기 때문이며, 장기적으로 이 전략을 지속하면 경쟁력이 감소하고 산업 발전과 혁신을 위한 경쟁 압력이 사라지기 때문이다. 장기적인 적용은 결국 은행 시스템에도 부정적인 영향을 미친다. 이 전략의 단점을 피하고 자국 제품에 경쟁력을 부여하기 위해서는 정부가 보호주의적 조치를 통해 정부 보호를 받는 기업들을 동기 부여해야 한다. 이러한 조치는 기업들이 높은 노력 수준을 달성할 수 있도록 돕는 단기적인 보호 프로그램들이다. 그러나 대부분의 개발도상국은 인도네시아나 브라질 같은 인구가 많

Welt, In: Z.(Zeitschrift Marxistische Erneuerung), Jg.2, Nr. 6, Juni 1991, p.57.특히 제3세계의 인구 규모가 작거나 중간 수준인 국가들(이는 전체 개발도상국의 약 90%를 차지함)에서는 수입대체 전략과 수출촉진 전략이 서로 대립하거나 상호 배타적인 관계에 있을 필요가 없다. 한국이나 대만과 같은 성공적인 자본주의적 발전 경로는 대체로 이 두 가지 경제 정책 방향을 일정한 시간 순서에 따라 결합한다. 즉, 기초적인 제품에 대한 1차 수입대체 단계가 먼저 이루어진 후, 동일하거나 유사한 기초 제품에 대한 1차 수출촉진 단계로 이어지고, 이어서 기술적으로 더 정교한 제품에 대한 2차 수입대체 단계가 뒤따르며, 마지막으로는 이러한 제품들을 대상으로 한 2차 수출촉진 전략이 전개되어 상대적으로 고도의 기술 제품에 이르기까지 발전한다.

은 국가를 제외하면 작은 내수 시장을 갖고 있었다. 따라서 정부는 시장 접근을 제한하거나 기업에 독점적 권한을 부여할 수 있었고, 이로 인해 수입 대체 전략의 문제는 경제적 영역뿐만 아니라 정치적 영역에서도 발생한다. 기업들이 정부에 의존하거나, 때로는 로비와 뇌물을 통해 정부의 보호 기간을 연장하려고 하는 압력을 가할 수 있기 때문이다. 정부가 이러한 압력에 얼마나 잘 저항하고, 국가 경제에 최적화된 정책을 시행할 수 있는지는 정치적 힘과 경제적 전문성뿐만 아니라, 정치인들이 자신의 개인적 이익을 추구하며 국가 이익과 결합할 수 있는 능력에 달려 있다.

2). 수출 촉진 전략 (Exportförderungsstrategie)

국가는 자국 기업들이 자국의 제품을 원가 이하의 가격으로 세계 시장에 제공할 수 있도록 지원해야 한다. 이를 위해 정부는 보조금 지급, 세금 감면, 또는 저금리 대출을 통해 지원하는 것이고 이는 국내 기업들이 국제 시장에서 완전한 경쟁력을 갖추지 못해 경쟁력 있는 가격으로 수출할 수 없기 때문이다.[35] 수출 촉진 전략은 개발 정책에 기반을 두고 있다. 이 전략은 특정 수출 산업들이 국가 경제 발전의 중심 역할을 하며, 내수 경제에 대한 연결 효과를 통해 촉매제로 작용하는 방식이다. 수출 촉진 전략이 성공하려면 다음과 같은 몇 가지 기본적인 조건이 필요하다:
 - 수출되는 제품은 세계 시장에서 경쟁력을 가져야 한다.
 - 수출된 제품에 대한 세계 시장에서의 지속적인 수요가 있어야 한다.
 - 수출 산업은 내수 시장과 잘 연결되어 있어야 한다.

---

[35] 근대화 이론가들은 이러한 이론적 전제를 바탕으로, 자연 자원이 빈약하고 노동력이 풍부한 개발도상국들에게는, 저렴한 노동력이라는 비교우위의 이점을 활용한 수출진흥 전략이 유일하게 성공 가능성이 있는 전략이라고 주장한다.

이를 통해 동질적인 산업 구조가 형성된다. 1960년대에는 수입 대체 전략이 중요하게 여겨졌으며, 내수 시장의 수요가 한계에 도달함에 따라 경로를 변경했다. 한국은 자연 자원이 부족하지만, 저렴하면서도 숙련된 노동력을 보유하고 있었다.[36]

한국에서의 수출 촉진 전략은 두 시기로 나눌 수 있다. 첫 번째 시기는 첫 번째 5개년 계획(1962-1966)기간이고, 두 번째 시기는 두 번째 5개년 계획(1967-1971)기간이다.

이 두 시기의 특징은 높은 경제 성장과 세계 시장과 통합된 경제 분야의 확장이었다.[37] 이 시기 동안 수출 촉진 전략은 주로 세계 경제의 유리한 환경 덕분에 추진되었다. 한편으로는 한국이 1960년대 중반부터 미국과 일본에서 대규모로 대출을 수입하는 유리한 조건을 갖추었고, 다른 한편으로는 한국이 다른 나라들과 비교해 상대적으

---

[36] Weltbank. 1979: 대한민국은 산업의 지속적인 발전이 다른 방식, 즉 수출 생산으로의 전환을 통해 보장될 수 있음을 보여주었다. 이러한 경제 정책적 전환은 이들 국가로 하여금 산업화의 속도를 유지하고 심지어 가속화하는 것뿐만 아니라, 과도한 수입대체 전략에서 비롯되는 고비용의 실수를 피하고, 여러 가지 이점을 누릴 수 있게 했다 […]. 경험에 따르면, 성공적인 수출 중심 전략은 관세 없이 수입된 생산요소에의 용이한 접근성과 수출 가격 인센티브의 유지에 결정적으로 의존한다는 것을 보여준다., Weltentwicklungsbericht, pp. 57-103.

[37] 표1) 한국과 대만의 평균 성장률(출처: Balla,B: Industrial Policies in Taiwan and Korea, S.65. zit nach Clapham,R: Marktwirtschaft in Entwicklungsländern, p.221.)

		Taiwan	Korea	Entwicklungsländer
국내 생산	1953-1960	3,1	3,0	2,3
	1960-1969	6,5	6,4	2,3
농업부문	1953-1960	3,9	2,3	2,9
	1960-1969	5,0	4,6	2,8
공업부문	1953-1960	10,1	13,6	7,2
	1960-1969	16,1	16,0	6,3
수출 부문	1953-1960	29,5	0,2	6,4
	1960-1969	34,2	69,0	11,4
수입부문	1953-1960	6,7	6,6	6,3
	1960-1969	19,2	26,0	6,0
고용	1953-1960	-	-	-
	1960-1969	4,1	2,8	-

로 저렴한 노동력을 활용하여 세계 시장에서 경쟁력을 갖추었다. 이에 따라 한국은 산업화 초기에는 노동집약적인 경공업에 집중했다. 1960년대 후반부터 경제 성장의 속도가 둔화되었고, 이 둔화된 성장은 외적으로는 세계 시장에서의 경기 침체와 석유 위기 때문이었지만, 내적으로는 실질임금 상승과 박정희 정부의 억제 정책에 기인했다. 1960년대 수출 촉진 전략이 노동집약적인 산업을 기반으로 했기 때문에, 내수 수요는 발전하지 않았고, 중간재와 자본재의 수입은 크게 증가했다. 이 위기에서 벗어나기 위해 박정희 정부는 1973년부터 국가 주도의 중화학 공업화를 추진하기 시작했다.

2. 사회 통제로서 사회 정책

"사회 발전의 가장 특징적인 요소는 경제발전을 촉진하는 조치들과 사회 정책을 조화시키려는 시도이다."[38]

1) 노동정책

세계 시장 지향적인 산업 생산과 개발도상국에서의 노동조합 억제 사이에는 밀접한 관계가 있다. 개발도상국에서 낮은 임금 수준과 긴 근로 시간이 새로운 국제 노동 분업의 중요한 요소로 간주되는 만큼, 이는 국가의 제한적인 노동 및 노동조합 법제와 노동조합과 파업의 억제로 이어진다.[39] 1960년대에 형성된 경제 개발 계획은 농업 부문에 대한 투자 부족으로 어려움을 겪었고, 그로 인해 식료품을 수입하여 가격 안정을 도모했는데, 이에 따라 농촌의 해체가 가속화되었고, 농촌 해체로 일자리를 잃은 농민들은 도시의 제조업에서 일하게 되었다. 그들은 저임금의 노동자로서 노동계급을 형성하였다.

---

38) Midgley, James. : Social development., p.1.
39) Fröbel,F/ Heinrichs,J. 1977: Die neue internationale Arbeitsteilung. p. 504, Reinbek b, Hamburg.

1960년대 한국의 산업화의 기본 전략은 국가 주도의 자본 축적과 경제 개발 계획으로 구성된다. 이러한 산업화 전략의 기초는 수출 지향적이고 노동집약적인 산업화로, 이는 저임금을 기반으로 하였고,[40] 정부는 산업화의 발전을 저해하는 고용주와 근로자 간의 갈등을 피하기 위해 노동 법규를 고용주에게 유리하게 변경하였다.[41]

한국에는 식민지 시대부터 좌파 성향의 노동 조직이 존재했으나, 이러한 조직들은 첫째, 미국의 점령 하에 이들 조직의 활동이 금지되었고, 둘째, 한국 전쟁을 거치며 우파 이데올로기가 강화되었으며, 셋째, 1960년대 박정희 정부가 노동운동에 개입하면서[42] 붕괴되었다. 이 노동 조직들의 붕괴는 노동계급의 자발적인 활동을 제한하게 되었고, 그로 인해 노동자들의 복지를 위한 요구가 형성되기 어려웠다.[43] 따라서 노동조합의 활동은 매우 제한되었으며, 정부는 고용주와 근로자 간의 관계에 직접 개입하였다. 그 결과 산업화의 진전은 노동자의 저임금과 긴 노동 시간을 통해 이루어졌다. 노동자들의 희생에도 불구하고 경제 성장의 혜택은 노동자들에게 분배되지 않았으며, 이 문제는 한편으로는 노동력의 과잉 공급, 노동 시장의 폐쇄, 노동조합의 협상력 부족에 기인하며, 다른 한편으로는 기업들이 오로지 이익 추구에만 집중하기 때문이었다. 또한 국가의 의도도 여기에 작용하는데, 국가가 기업 내 자본 축적을 통해 경제발전에 필요한

---

40) Mishra, Ramesh. 1984: Accumulation is one of the most major sources of legitimation of the capitalist system., p.84.
41) 참조. Soziologie und Sozialpolitik von Kaufmann, F.- X, p.37.
 국가 기능 … 즉, 사회 정책은 본질적으로 체제 통합과 사회 통합, 특히 자본주의 사회구성체 내에서 노동력 재생산 조건을 보장하고 '임금노동자 관계의 유지'를 위한 역할을 한다는 것이다. In: Soziologie und Sozialpolitik von Kaufmann, F.-X, p.37.
42) 참조. „Die Arbeiter haben das Recht, Vereinigungen zu bilden, kollektive Verhandlungen zu führen und zu streiken." Die Verfassung der Republik Korea. Art. 8, 29 und 30
43) 참조. Therborn 1986: Er hat die Entwicklung der Wohlfahrtsstaat durch die Arbeitsklasse- Mobilität zusammengefasst, 'Karl Marx Returning' In; International Political Science Review, Vol 7, No 2, pp.131-164.

자국 자본을 동원하려 했기 때문이다.

1960년대의 사회경제적 변화로 인해 노동계급을 위한 사회 정책이 도입되고 확산되어야 할 필요가 있었다. 그러나 국가는 이를 계획하고 실행해야 했음에도 불구하고 사회 정책의 필요성을 의도적으로 배제했다.

2). 사회 정책 조치

1960년대 한국 정부의 목표는 '현대화'[44]였으며, 경제 성장을 최우선으로 두었다. 정부는 지속적인 경제 성장이 사회 발전에 영향을 미칠 것이라고 믿었으며, 따라서 경제 성장뿐만 아니라 국가 목표를 달성하기 위해서는 자본이 사회 모든 분야에 분배되는 것을 방해해야 한다고 주장했다.[45] 이러한 국가의 논리에 따라, 정부는 '성장 우선, 분배 나중'이라는 개발 전략을 통해 경제 분야의 발전을 촉진했으며, 사회 발전과 사회 정책은 철저히 배제되었다.[46]

하지만 1963년, 정부가 국민에게 권한을 이양하면서 군사 지도자들의 사회 정책에 대한 관심이 드러나기 시작했다. 이는 당시 사회적

---

44) Bohmann, Gerda. 1993: '근대화(Modernisierung)'라는 개념은 '근대(Moderene)' 개념과의 이론사적인 분리를 의미한다. 전자가 주로 '도구적 합리성'을 강조하는 반면, 후자는 '비판적 이성'을 지향한다. Paradigma im Verständnis des Wohlfahrtsstaates. Zum Wiederaufleben der Staatstheorie in den Sozialwissenschaften, In; Östereiche Zeitschrift für Politikwissenschft., Jg. 22, p.19.

45) McDonald, Donald. S.1996:한국의 전통에서는 사회복지보다는 사회규제를 국가의 책임으로 보며, 사회복지는 가족과 지역공동체의 책임으로 여겨졌다. (이러한 전통은 19세기 중반까지 서구를 포함한 모든 정부의 일반적인 관행이었다는 점은 종종 잊혀지곤 한다. 다만, 유럽에서는 종교나 민간 기관에 의한 자선 활동이 더 일반적이었을 수는 있다.) The Koreans, p.103. West View press, Oxford.

46) 만프레드 슈미트(Manfred Schmidt)는 실증적 연구 결과를 통해, 사회 정책적 조치의 종류와 범위와 경제 및 경제정책의 성공사이에는 명확한 인과관계가 존재하지 않음을 보여주었다. Vom wirtschaftlichen Wert der Sozialpolitik - Der Perspektive der vergleicheden Politikforschung, In; Der wirtschaftliche Wert der Sozialpolitik , Georg Vobruba(Hrsg)1989: pp.149-172.

혼란 속에서 군사 정부가 잃었던 정당성을 회복하려는 시도였다. 따라서 군사 정부는 경제 성장을 위한 부수적 수단으로[47] 사회 정책을 도입했다. 하지만 당시 노동계급은 사회 내 다른 계층에 비해 힘이 부족했으며, 자신의 요구를 사회 정책에 반영할 수 있는 조직을 형성할 수 없었기 때문에 '아래로부터의 요구'가 없었다.[48] 또한, 정치적 결정에는 군사 엘리트와 관료들만이 참여했으며, 사회의 다른 그룹들은 참여하지 못했다. 이러한 이유로 하층 계급의 사회 정책에 대한 관심은 반영되지 않았다. 이 시기에 도입되고 시행된 사회 정책의 수혜자는 국가 기구의 핵심을 형성하는 군인들과 관료들, 그리고 일부 대기업의 노동자들이었다. 사회 정책의 내용은 노동자나 하위 계층을 위한 것이 아니라, 군인과 공무원들의 소득을 보장하기 위한 것이었다. 따라서 공무원과 군인 연금이 사회 정책의 핵심에 위치하였다. 국가 권력을 쥐고 있는 핵심 계층과 자본가의 이익이 우선적으로 보호되었다.

1960년대 후반부터 사회적, 경제적 변화가 급격히 일어났다. 이러한 변화 속에서 노동자의 수가 증가하고, 산업화로 가족 구조가 변화하며, 도시화로 주택 부족 문제가 발생하고, 부의 불평등한 분배가

---

[47] Flora,Peter.1982: 정치적 참여는 사회의 민주화 과정속에서, 예를 들어 선거권의 점진적인 확대와 함께, 사회의 상층 계층에서 중간 및 하층 계층으로 위에서 아래로 확산된 반면, 국가의 사회적 서비스 제공에 대한 책임—예를 들어 사회보험이나 국민복지와 같은—은 아래에서 위로 확대되었다. Krisenbewältigung oder Krisenerzeugung? Der Wohlfahrtsstaat in historischer Perspektive, In: Wolfgang J. Mommsen / Wolfgang Mock (Hrsg.), Die Entstehung des Wohlfahrtsstaates in Großbritannien und Deutschland 1850-1950. Stuttgart 1982, 353-398, hier 365.

[48] 다른 국가들과 비교할 때, 필리핀에서는 1967년, 제도 도입 10년 후에도 법적으로 가입해야 하는 사람들 중 실제로 가입한 비율이 39%에 불과하다. 인도의 일부 주에서는 사회적 안전망이 도입된 지 26년이 지난 후에도 법적으로 보호받아야 할 사람들 중 50%도 가입되지 않았다. 인도네시아에서는 1947년에 노동 재해 보험 도입에 관한 법이 제정되었으나, 1973년까지 이를 실행할 조직은 존재하지 않았다. In; Sozialpolitik in Entwicklungsländern., pp.222-223.

심화되었다. 하지만 정부는 이 문제들을 해결하기 위한 사회 정책을 도입하지 않았다. 산업화를 통해 국가 자본은 충분히 확보되었으므로 정부는 사회 정책을 실행할 수 있었음에도 불구하고 이를 시행하지 않았다.[49] 경제 성장을 중시한 정부는 1967년 선거에서 승리하여 정당성을 확보했고, 정당성을 얻자마자 노동운동을 경제발전의 장애물로 간주하고 노동 분야를 매우 엄격하게 통제했다. 그리고 사회 정책에 대한 관심을 전혀 보이지 않았다. 정부가 사회 정책에 관심을 두지 않은 결과, 하위 계층에서는 사회적 불만이 커지게 되었다.

---

49) Köhler, Peter. 1979: 요약하면, 이 모든 가설은 특정 국가 경제 수준에 도달해야만 사회보험이 형성될 수 있다는 가정에 기반을 두고 있다. 그리고 사회보험이 19세기에 뿌리를 두고 있기 때문에, 이 경제적 수준은 일반적으로 특정 정도의 산업화와 연결되며, 대개 산업혁명이 이루어진 후의 국가 경제 상태와 동일시된다. p.24.

III. 산업화와 노동 구조 변화[50]

- 역사적 배경 -

1960년대에 시작된 산업화는 한국이 현대 산업국가로 발전하는 데 결정적인 계기가 되었습니다. 이러한 산업화는 미시적인 관점에서 국가-자본, 국가-노동의 관계를 중심으로 한 '한국 모델'을 형성하는 요인이었다. 1960년대 산업화는 외국의 지도자들의 도움으로 촉진되었고, 이후에는 외국 자본의 경제적 지원이 더욱 중요해졌다. 1950년대 이전까지만 해도 한국은 저개발국가이었으나, 1960년대에 들어서면서 본격적인 산업화를 통해 사회 전반이 변화하기 시작했습니다.[51]

A. 정치 체제의 변화와 정당성 확보[52]

1. 5.16 군사정부

장면 정부 시기에는 큰 사회적, 경제적 혼란이 있었고, 이는 젊은 군사 엘리트들이 혁명을 일으키는 계기가 되었고, 이 혁명은 나중에 '5.16 혁명'이라 불리게 된다. 군부는 강제와 폭력을 통해 장면 정부

---

50) Chatterjee, Pranab.1996: 산업화의 가장 간단하고 명확한 정의는 기계를 사용하여 대규모로 상품을 제조하는 기술적 과정이라고 할 수 있다. 이러한 대규모 제조는 몇 가지 다른 조건들을 필요로 한다: 원자재의 가용성(원자재가 2차 생산물로 전환됨); 충분한 노동력의 공급; 관리 기술의 공급; 원자재, 노동력 및 관리자를 확보할 자본의 공급; 그리고 완성된 상품을 주어진 시장에 전달할 방법들이 그것이다. p.187,

51) Hoselitz, B. 1969: "개발도상국의 성장 형태는 자원, 정부의 역할, 그리고 세계 경제와의 관계에 따라 분류될 수 있습니다.", In; Wirtschaftliches Wachstum und sozialer Wandel., p. 68

52) Fach, Wolfgang/Degen, Ulrich (Hrsg.). 1978:Politische Legitimität repräsentieren 1). Das Mehrheitsprinzip als konkrete Form kollektiver Willensbildung per Abstimmung

를 전복시키고 혁명정부를 수립했다. 하지만 이 혁명정부는 수권과정이 비합법적이었기 때문에, 국민들에게 자신들의 존재를 정당화할 필요가 있었고 이에 따라 다음과 같은 혁명적 약속을 국민들에게 제시했다:

① 과거의 부정부패 척결[53]
② 경제적 자립의 회복[54]
③ 위의 약속을 이룬 후 국민에게 행정부를 이양

하지만 국민들은 이러한 약속에 대해 큰 관심을 보이지 않았으며, 환영도, 저항도 하지 않았다. 이는 국민들이 우선 새 정부의 실적을 지켜본 후 판단하려 했음을 의미한다. 따라서 군부는 정당성을 유지하기 위해 보다 구체적인 약속 이행이 필요했다.[55] 이러한 상황 속에서 군사정부는 다양한 사회개혁을 시행했다. 예를 들어 농어민의 채무 탕감, 부패 척결, 국민의 도덕적 생활 기준 확립, 범죄와의 전쟁 등

(Wahl), 2).die von Habermas propagierte Idee des herrschaftsfreien Diskures., S. 13. 다수결 원칙은 현대 정치 사회에서 두 가지 기능으로 구분될 수 있다.사회학적 원칙으로서 다수결은 집단의 결속을 형성하고, 철학적 원칙으로서 다수결은 정치적 행위와 정치 권위의 정당성을 부여한다.In; Politische Legitimität, p.43.

53) Kim, Eugine. C.I.: Militärische Regierung hat die Nationalversammlung aufgelöst, jede politische Aktivität verboten, Tausende von wurden aus politischen Gründen und weit über zehntausend in die Gefängnis geworfen. 49 von 64 Tageszeitungen in Seoul wurde sofort geschlossen, und insgesamt 1170 von 1573 Publikationen verloren ihre Lizenz. S.256.

54) Mishra, Ramish. 1984: Accumulation is one of the major sources of legitimation of the capitalist system., S. 84; Offe, C. 1982:Some Contradictions of the modern welfare state.,In; Critical Social Policy, Vol.2, No.2, pp.6-17.

55) 군사정권은 어떤 근거에서 경제 성장을 통해 근대화를 실현하고, 이를 바탕으로 국민들로부터 정당성을 얻을 수 있다고 생각했는가? 1960년 11월 장면 정부가 실시한 여론조사에 따르면, 응답자의 70% 이상이 정부가 시급히 해결해야 할 제1의 과제로 '경제 문제'를 꼽았다. 이와 같은 결과를 근거로 군사정권은 경제 성장이야말로 국민의 지지를 얻고 정권의 정당성을 확보할 수 있는 핵심 수단이라고 판단했다. In; 동아일보. 18. Dez. 1960. 설령 그러한 여론조사 결과가 없었더라도, 당시의 경제 문제를 해결하는 것은 당연한 일이었다. 왜냐하면 대다수 국민들이 굶주림에 시달리고 있었기 때문이다. 이러한 상황 속에서 군사 정권은 경제 성장을 통한 근대화에 대한 의지를 더욱 구체화시켰다. 그들의 이러한 의지를 하나로 모은 것이 바로 경제 개발 계획이었

이 포함되었다. 이러한 개혁들은 국민에게 대체로 환영받았습니다. 하지만 이러한 단기적인 개혁만으로는 부족했기에, 보다 장기적이고 체계적인 정책이 필요해졌고, 법적 정당성이 부족한 군부는 국민의 기대에 부응하기 위해 '경제 발전'을 정당성 확보의 수단으로 삼게 되었다.[56]

이에 군사정부는 1961년 7월부터 국가의 첫 번째 경제개발 5개년 계획을 수립하기 시작했고, 9월 중순에 계획을 마무리했으며, 1962년 1월 5일 이 계획을 발표하였다. 이 계획의 내용에 따르면, 군사정부는 소득 분배나 환경·사회보장에 대한 가치를 희생하면서 오직 경제성장을 유일한 목표로 설정했으며,[57] 이에 따라 사회보장은 사실상 배제되었다.

2. 제3공화국

1963년의 정치·경제 상황은 매우 복잡했는데, 민간정부로의 권력 이양이 임박해 있었기 때문이었다. 당시 군부는 두 개의 주요 세력으로 나뉘어 있었는데, 하나는 민주공화당(DRP)의 설립에 핵심적인 역할을 했던 젊은 참모 장교들, 다른 하나는 국가재건최고회의 소속의 장성 그룹이었다. 두 그룹 간의 갈등은 심화되었고, 그 결과 공화당 내부에서도 분쟁이 발생했다. 분쟁이 심해질수록 부패와 무능함

다.
[56] Cole and Lyman,; Korean Development, 군사 정권 시절과 달리, 다소 모호한 범주의 민족주의적 프로그램의 일환으로 여겨졌던 것과는 달리, 구체적인 경제적 성과가 정치적 성과와 경제발전의 기준이 되었다. 박정희 정권 하에서 정치 전략이 경제 성과를 중시하는 방향으로 전환된 것, 즉 내정 전략과 외교정책이 거의 전적으로 정부의 경제 중심 기조를 중심으로 형성되고 재정의되었던 움직임은, 그렇게 자연스럽거나 완전히 불가피한 일은 아니었다. pp.80-85.
[57] Midgley, James. 1995:대부분의 개발 계획은 투자, 무역, 경제 부문 발전과 같은 경제적 요인에만 전적으로 초점을 맞추고 있었다. 사회적 조건이나 새롭게 부상하는 사회 부문에 대해서는 거의 언급하지 않았다. 중앙 계획 기관들은 주로 경제학자들로 구성되어 있었으며, 이들은 고용 창출이 이루어지면 사회복지가 자동적으로 향상될 것이

이 더 두드러졌다.

이러한 가운데 국가재건최고회의의 의장이었던 박정희[58]가 대통령 후보로 나섰다. 1963년 11월에 실시된 대통령 선거에서 박정희는 막대한 자금과 조직력을 바탕으로 윤보선을 상대로 박정희는 42.61%의 지지를 얻었고, 윤보선은 1.42%의 지지율에 그쳤다.

1963년은 군부가 약속했던 대로 민간정부로 권력을 이양한 해였지만,[59] 정치·경제·사회적 상황이 이를 허용하지 않았기 때문에 군부는 여전히 정권을 장악하고 있었다. 이후 정권 유지를 위한 새로운 정치적 목표가 설정되는데, 선거에서 승리하기 위해 박정희는 사회 정책적 조치들에 긍정적인 태도를 보였다. 그럼에도 불구하고, 군사정부는 여전히 경제발전을 최우선 목표로 삼았는데, 일정 정도 선거를 통해 정당성을 확보한 이후, 정부는 사회 정책에 대한 관심을 급격히 줄였으며,[60] 오히려 정부는 노동 분야를 엄격하게 통제하기 시작했습니다.

1967년 대통령 선거는 성공적인 경제 개발 계획 후에 치러졌으며, 박 대통령은 그의 경쟁자 윤 후보보다 10.4% 더 많은 득표율을 기록

라고 믿었다. p.127.
58) Przeworski, P.1986: 독재 정권에서 균열이 나타나고 민주화가 가능해지는 이유를 설명하기 위해 자주 제시되는 네 가지 요인은 다음과 같습니다: 독재 정권이 그것이 설립되었던 기능적 요구를 충족시켰다. 따라서 더 이상 필요하지 않거나 심지어 불가능하게 되어 붕괴된다. 정권이 어떤 이유로, 그 이유 중 하나가 첫 번째 이유일 수 있지만, '정당성'을 상실하게 되고, 어떤 정권도 정당성(지지, 묵인, 동의) 없이 지속될 수 없기 때문에 붕괴된다. 지배 블록 내에서, 특히 군 내부에서 갈등이 발생하고, 그 갈등이 내부적으로 해결되지 않으며, 어떤 이유로, 두 번째 이유와 관련이 있을 수 있지만, 일부 지배 세력은 외부 그룹에 지지를 요청하기로 결정을 내린다. 이로 인해 지배 블록은 블록으로서 해체된다. '민주적인 얼굴'을 내기 위한 외부의 압력이 타협을 초래하고, 아마도 세 번째 메커니즘을 통해 이루어질 수 있다. In: Capitalism and Social Democracy., p.50.
59) 미국의 요구에 의해
60) 참조. Die Einführung der Sozialpolitik unter Bismarck nicht sozialpolitisch, sondern machtpolitisch motiviert war., Vaubel, Roland. Der Missbrauch der Sozialpolitik in

하며 재선되었다. 1963년 대통령 선거와 비교할 때, 1967년 선거는 박정희에게 절대적인 승리를 안겨주었다. 경제개발을 최고 목표로 삼고 있던 군사 정권은 선거를 통해 정당성을 얻었지만, 이후 사회 정책에는 큰 관심을 두지 않았다. 경제적 목표가 사회적 측면에서 부정적인 영향을 미친다고 평가했기 때문이다. 이에 따라 정부는 노동 분야를 매우 엄격히 통제했다. 정부가 경제정책의 사회적 적합성이나 노동자 및 저소득층의 필요에 관심을 두지 않으면서 점차적으로 불만을 품은 시민들이 증가했다. 이러한 불만은 1960년대 후반과 1970년대 초반에 노동자들의 파업 증가로 나타났다. 예를 들어, 한영직물의 전태일과 김진수 같은 사례들이 있었으며, 이러한 파업은 당시 노동 상황을 더욱 불안정하게 만들었다. 1969년 헌법 개정과 1971년 대통령 선거는 전국적으로 노동자들의 항의 시위를 촉발한 계기가 되었고 이 항의는 노동 분야를 넘어서 학생, 언론, 종교, 법조계 등 사회 전반으로 확산되었으며, 당시의 노동 파업은 사회적 항의로 발전되었다. 이러한 사회적 항의는 1971년 대통령 선거 결과에서 확인할 수 있었다. 1971년 대통령 선거에서 김대중 후보는 한국 반도의 국제 정치 변화와 고도의 성장정책에 의한 노동자들의 불만을 이해하고, '대중 경제'라는 주장을 펼쳤다. 이 주장은 그에게 성공을 가져왔지만, 동시에 사회, 선거운동, 안보, 경제 리더십에서 논란을 일으켰다. 이러한 상황에서 한국 노동조합 총연맹은 정치적 활동에 대한 경향을 보였다.

    정부는 노동자들의 민주화 운동과 항의에 직면하여, 중국의 유엔

Deutschland. In; Hamburger Jahrbuch, Jg. 34, 1989, p.41.
61) 1971년 12월 6일 박정희 대통령의 연설: 국가의 안전을 위협하는 모든 종류의 사회적 불안은 용납되지 않으며, 모든 불안 요소는 제거될 것입니다. 국가 안전에 관한 무책임한 논의는 중단되어야 합니다. 국가 안전을 보장하기 위해 모든 시민은 기꺼이 세금을 납부하고 충실히 자신의 의무를 다해야 합니다. 모든 시민은 국가의 안전을 위해

가입과 그에 따른 한반도 정치 변화 및 북한의 전쟁 준비를 이유로[61] 국가비상법(유신)을 선포하게 되었다. 이 상황의 원인은 경제 성장 정책이 최우선 정책으로 진행되었고, 이후 사회 프로그램으로의 전환이 노동자들의 낮은 임금과 노동자 파업의 확산을 초래했기 때문이었다. 이에 따라 성장 정책에 대한 사회적 비판이 더욱 커지게 되었다. 정부의 경제정책은 사회적 형평성이나 노동자와 저소득층의 요구를 외면했고, 그 결과 많은 국민이 불만을 가지게 되었다. 이러한 불만은 1960년대 말과 1970년대 초 노동자들의 파업으로 표출되기 시작했는데, 예를 들어, 전태일과 김진수가 활동했던 한영섬유의 파업이 대표적이다. 이런 파업들은 당시의 노동 환경을 더욱 불안정하게 만들었고, 1969년 헌법 개정과 1971년 대선은 전국적인 노동자들의 시위로 이어졌다. 이 시위는 노동 현장을 넘어 학생, 언론, 종교, 법조계 등 사회 전반으로 퍼졌고, 이로 인해 노동운동은 사회적 저항의 성격을 띠게 되었다.

1971년 대선 결과에서도 이러한 사회적 불만을 엿볼 수 있는데, 김대중 대통령 후보는 당시 한반도의 국제 정세 변화를 이해하고, 고도성장 정책에 따른 노동계의 불만을 인식했으며, '대중경제론'을 내세워 큰 호응을 얻었다. 이 정책은 선거운동과 사회 전반에서 큰 논란을 일으켰고, 노동조합도 정치활동에 관심을 보이기 시작하였다. 결국 정부는 이러한 노동 및 민주화 운동에 압박을 느껴, 중국의 유엔 가입과 북한의 전쟁 준비 등 국제 정세 변화라는 명분 아래 '유신'이라는 국가비상사태 체제를 선포하게 되었다. 이는 '성장 우선, 복지는 나중'이라는 경제정책이 낮은 임금과 노동자 파업을 초래했고, 국민 사이에서 비판이 커졌기 때문이었다.

B. 산업화 과정

5.16 혁명을 통해 권력을 잡은 박정희 정부는 국가정책의 목표를 '국가 안보'와 '경제 발전을 통한 근대화'로 설정하고, 이 목표를 정치, 경제, 사회 전반에 걸쳐 실현하고자 했다.[62]

박정희 정부의 산업화 목표 설정은[63] 미국의 정책 변화와 밀접한 관련이 있는데, 미국은 한국에 대한 원조정책을 변경하면서 DLF(Development Loan Fund)라는 개발자금기금을 설립하였다. 그 이전까지 미국은 한국에 무상원조를 제공했지만, DLF의 설립 이후에는 이자와 보상을 요구하는 유상 원조로 바뀌게 되었다. 이러한 정책 변화는 한국 정부가 외부 자금을 도입하고 분배하는 새로운 체계를 마련하도록 압박하였다. 이 체계 마련은 넓게는 개발계획의 방향 설정, 좁게는 투자 부문의 선정과 관리로 이어다. 박정희 정부는 이 변화된 조건 하에서 경제 발전을 추진해야 했고,[64] 이것이 한국 산업

---

[62] 혁명 정부의 6개 항목으로 구성된 공개 혁명 약속은 다음과 같습니다:
1) 반공주의는 국가 정치의 핵심이 되어야 한다. 2) 유엔 헌장은 존중되고 준수되어야 하며, 미국 및 자유 세계의 다른 국가들과의 관계는 더욱 강화되어야 한다. 3) 부패와 부정적인 행동은 제거되고, 타락한 도덕과 정신을 회복하기 위해 새로운 기후를 조성하여 국가를 다시 정비해야 한다. 4) 절망과 굶주림으로 특징지어지는 일반적인 생활 조건은 빠르게 개선되어야 하며, 모든 힘은 국가 경제의 재건에 집중되어야 한다. 5) 분단된 나라의 오랜 바람인 통일을 실현하기 위해, 모든 힘은 공산주의에 맞서 싸울 수 있는 국가적 힘을 구축하는 데 집중되어야 한다. 6) 이 모든 과제가 완료되면, 우리는 언제든지 정직하고 양심적인 정치인에게 정권을 이양하고, 우리 자신의 군 복무로 돌아갈 준비가 되어 있어야 한다.

[63] 한국 전쟁이 끝난 후, 외국과의 무역은 처음에는 부차적인 역할을 했다. 국가 재건과 산업화의 전제조건으로서 인프라 개선이 우선시되었기 때문에 수출은 이루어지지 않았다.

[64] 당시 재건부 장관인 유창순은 이렇게 말했습니다: 대체로 두 가지 생각이 있었습니다. 한쪽은 균형 있는 성장을 원했습니다. … 다른 한쪽은 불균형적인 성장을 선호했으며, 산업화에 더 많은 비중을 두고 농업에는 상대적으로 적은 비중을 두었습니다. 박정희는 산업화를 위한 불균형 성장을 선택했습니다. 그것이 바로 일본이 메이지 시대에 했던 방식입니다. 일본은 국가 예산으로 공장을 건설하고 그로 인한 이익이 나중에 올 것이라고 예상했습니다. 그것이 우리가 택한 정확한 모델이었습니다. In; Clifford, Mark, Troubled Tiger, 1998, An east gate book, N.Y

화의 첫 번째 원인이었다.[65] 두 번째 원인은 남북한 간의 문제였다. 남북한은 냉전 체제 속에서 군사적, 정치적 경쟁뿐 아니라 경제적 경쟁도 벌이고 있었고,[66] 박정희 정부는 북한을 단순한 군사적 적대국이 아니라 경제적 경쟁상대로 간주하였다. 이는 이전 정부들과의 차이점으로 이전 정부들은 남북관계를 군사적 갈등으로만 보았던 반면, 박정희 정부는 이를 경제적 경쟁의 관점에서도 접근하여 보다 능동적인 산업화 정책을 추진하였다.[67]

1. 후발 산업화의 동기

한국은 제2차 세계대전 이후 국제 정치와 군사 체제의 이해관계 속에서 미국과 소련의 영향 아래 놓이게 되었다. 일본 식민지에서 해방된 이후, 한국은 미국과 소련이라는 두 강대국으로부터 자국 산업구조 재편에 영향을 받았다.[68] 일본이 패전 후 한국에서 철수하면서 한국의 생산 산업 중 40% 이상이 붕괴되었다. 당시 일본은 한국 산업자본의 94%, 생산기술의 84%를 장악하고 있었기에, 일본이 떠난

---

65) Sigrud Klatt „Zur Theorie der Industrialisierung, pp.21-22.
  '산업화'라는 개념은 장기적인 상대적 경제 성장 과정으로, 이는 추가적인 경제적 평가와 새로운 기술적 지식(혁신)의 응용에 의해 주로 몇몇 경제 분야에서 나타나며, 그로 인해 해당 분야의 생산성 증가가 전체 경제 활동에서의 가치 창출 비율을 변화시키는 것을 의미합니다. 산업화 과정은 노동력과 토지 사용에 비해 추가적이고 점차적으로 우세한 물적 자본 사용이 특징입니다. 특히 기계, 엔진, 반응로 등의 형태로 사용되며, 이는 인간과/또는 동물 노동력을 대체하는 열적 및 기계적 에너지를 포함합니다. 또한, 기계와 도구 등의 장비와 관련된 사회적, 경제적 변화(변혁)가 동반됩니다.
66) 박정희 대통령의 연설 (1967년 7월): 경제 건설 없이는 빈곤을 물리칠 수 없습니다. 또한 경제 건설 없이는 범죄와 도덕적 타락의 온상인 실업과 직업 없음도 존재할 수 없습니다. 경제 건설 없이는 공산주의에 승리할 수 없습니다. 따라서 경제 건설 없이는 자유의 힘으로 북한 주민을 해방시키고, 나라를 통일할 수 없습니다.
67) Choi, Jang- Jip.: Entwicklung der koreanische Kapitalismus und Demokratie., p.7, Insgesamt besteht ein Konkurrenz zwischen Süd- und Nordkorea, bei dem es darum geht, zu beweisen, dass das jeweilige System das überlegene System ist.
68) 한국의 국가독점자본주의 이론가들은 1945년부터 1953년까지의 시간을 식민지 자본주의에서 신식민지 국가독점 자본주의로의 구조조정 단계라고 부릅니다. 서울 사회과학연구소에서 발표한 《한국의 자본주의 발전》 (서울, 1991)

뒤 공업 기반이 붕괴되고 노동자 수는 60% 감소하였다.[69] 동시에 한국은 정치적으로 남북으로 분단되어, 자립적인 경제발전의 기회를 잃게 되었다.

한국의 산업구조는 원래 지역적으로 불균형했는데, 경공업은 남한, 중공업은 북한에 집중되어 있었기에, 분단은 이러한 불균형을 더욱 악화시켰다.[70]

---

[69] 양성철.1994: 제2차 세계 대전 이후 국가의 분할 중 한국의 분할만큼 임의적이고 비정상적이며 인위적인 분할은 없다. 한국은 외세에 의해, 그 국민들의 의사와는 상반되게 임의로 분할되었다. 헨더슨이 지적했듯이, 어떤 분할도 분할이 이루어진 당시 국가 내의 조건이나 감정과 그렇게 관련이 없는 분할은 없다고 할 수 있다. 또한 미국 정부가 한국 분할에 대해 짊어진 책임이 그렇게 무거운 경우는 없다고 할 수 있다. 한국인들은 이 비극적이고 운명적인 결정에 대해 어떠한 의견도 제시할 수 없었다. p. 149, The North and South Korean Political System: A comparative Analysis. Boulder, Westview Press.

[70] 표 2) 경제의 분열

		한반도 전체	북한	남한	남한의 비율 %
면적과 인구	토지 면적	226,7	118,3	108,4	47,8
	인구수1944(백만)	25,9	8,9	17,0	65,6
	인구밀도	114	75	157	
	농지	46,5	24,2	22,3	48,0
	- 논	19,0	5,7	13,3	70,0
	- 밭	27,5	18,5	9,0	32,7
순수 생산 1939/40 (백만 엔)	농업	829,6	333,3	496,3	59,8
	임업	124,5	58,7	65,8	52,9
	수산업	127,0	46,8	80,2	63,1
	광업	119,5	90,6	28,9	24,2
	공업 종사자	341,6	183,7	157,9	46,2
	전체	1542,2	713,1	829,1	53,8
산업 생산 1940 (백만원)	철장	49,2	44,3	4,9	10,0
	화학	181,5	150,8	31,7	16,9
	세라믹	15,7	11,4	4,3	27,4
	식품	118,8	42,8	76,0	64,0
	방직	72,8	11,3	61,5	84,5
	기계공업	19,3	5,4	13,9	72,0
	인쇄출판	7,0	0,8	6,2	88,6
	그외	66,6	16,0	50,6	76,0
	전체	530,9	282,8	248,1	46,7

6.25 전쟁 동안 100만 명 이상의 인명 피해가 발생했고, 산업시설 대부분이 파괴되었다. 이로 인해 산업은 거의 존재하지 않는 상태가 되었고, 경제는 완전히 새롭게 재건되어야 했다. 물가는 연간 100%씩 상승하며 경제 위기가 지속되었으며 북한에서 유입된 난민의 대량 증가와 좌익노조의 파업도 사회 불안을 가중시켰다.[71]

정부가 당면한 가장 시급한 과제는 국민의 의식주 해결, 물가 안정, 수요와 공급의 균형 회복이었다. 경제적 불균형의 원인은 해방 이후 한국 경제가 미국의 군사·정치 시스템 하에 직접적으로 종속되어 있었기 때문이었다.[72]

1950년대 한국의 경제 구조는 미국의 소비 중심 지원에 맞춰 형성되었고, 이에 따라 정치 및 경제정책도 미국식 모델에 맞춰 개발되었다. 한국전쟁 이후 미국은 1949년에 철수했던 군대를 다시 주둔시키고 군사 및 경제적 지원을 재개했다. 이는 미국이 한국을 극동 아시아에서 공산주의 확장을 저지하는 방어선으로 인식했기 때문이었다. 이처럼 미국은 군사 및 외교뿐만 아니라 한국의 내정, 경제, 사회 분야에도 직접 간섭하였다.[73]

미국의 강력한 지원 덕분에 1950년대 중반 이후, 각 부처에서는 중

---

71) Hobbes, T.(1914):여기에서 명백한 것은, 사람들이 모두를 두려움에 떨게 할 공통의 권력 없이 살아가는 동안, 그들은 전쟁이라 불리는 상태에 있다는 것이다. 그리고 그런 전쟁은 모든 사람이 모든 사람과 싸우는 전쟁이다. 이러한 상태에서는 산업이 존재할 수 없다. 그 이유는 그 열매가 불확실하기 때문이다. 따라서 …지구의 경작도, 항해도, 바다를 통해 수입할 수 있는 상품의 사용도, 편리한 건축물도, 예술도, 학문도, 사회도 존재할 수 없다. 그리고 무엇보다도, 지속적인 두려움과 폭력적인 죽음의 위험이 존재한다. 인간의 삶은 고독하고, 가난하며, 추하고, 잔인하고, 짧다. Leviathan., pp.64-65.

72) 표 3) 미국의 경제적, 군사적 지원 (mil.$)

	1946-1952	1953-1961	1962-1969	1970-1976	Summe
경제적 지원	666.8	2579.2	1658.2	963.6	5745.4
군사적 지원	12.3	1560.7	2501.3	2797.4	6847.3
전 체	679.1	4139.9	4159.5	3761.0	12592.7

요한 사업을 위한 중장기 계획이 수립되고 개발되었을 뿐만 아니라, 전체 경제를 계획적으로 이끌어 가는 거시적인 정치적 구상이 시작되었다. 한국 정부가 이러한 정치적 개념을 채택한 이유는, 네이션 협회의 한국 전후 경제 재건 프로그램 보고서가 한국 정부에 미친 영향이 적었기 때문인데, 그 이유는 UNKRA (유엔 한국 재건 기구)가 제공하는 재정 지원이 크게 줄어들었기 때문이다. 이러한 이유들로 인해 한국 정부는 더욱 미국에 의존하게 되었다. 국내 경제 시스템은 국제 관계 속에서 세계 경제 시스템에 연결되었고, 그로 인해 세계 경제 시스템에 대한 의존도가 증가했다. 외부에 의존적이었지만 강력하고 중앙집권적인 정부는 1960년대 이후 한국이 세계 경제 시스템의 지원을 받아 산업화 과정을 추진할 수 있게 만들었다. 이러한 지원 덕분에 한국은 수출 지향적인 산업화 정책을 추진할 수 있었다.

73) 표 4) 산업회 이전 사회경제 지표 (1953 - 1960)

	1953	1954	1955	1956	1957	1958	1959	1960
1.전체								
	1.4Bill	1.5	1.4	1.5	1.7	1.9	1.9	1.9
국민소득	67	70	65	65	74	80	81	79
2. 성장률 (%)								
	-	5.1	4.5	-1.4	7.6	5.5	3.8	1.1
3. 생산구조 (%)								
농업부문	47.3	9.8	44.5	46.9	45.2	40.7	33.8	36.8
광업부문	10.1	12.7	12.6	12.7	12.7	14.4	15.9	15.9
전기부문	2.6	3.6	3.6	3.3	4.2	4.1	4.3	4.1
서비스 산업	40.0	44.4	39.3	37.1	37.9	40.7	46.0	43.2
4. 계층구조 (%)								
자본가			0.5					0.5
신중간계급			4.1					4.3
자영업			7.5					10.5
노동자			9.2					11.8
농부			70.6					65.2
그 외			8.3					7.7
5.도시 거주자(in Mil.)								
			24.5	25.2	25.9	26.6	27.3	28.0

산업화를 촉진하는 요인은 다음과 같다.

- 내부 요인

① 한국은 해방과 한국 전쟁을 겪으면서 큰 사회적 변화를 경험했다. 이를 통해 한국은 세계 시스템에 포함되었다. 이 변화의 과정에서 대지주들과 옛 지배 계층이 전복되었다.

② 농촌에서는 인구 과잉이 있었지만, 생산력은 이를 해결할 수 없었다. 그래서 대부분의 주민들은 마을을 떠날 수밖에 없었다.[74]

③ 해방 후 의무 교육이 실시되면서 사회에서는 잘 훈련되고 부유한 노동력이 제공되었다.[75]

④ 해방 후에도 남아 있던, 식민지 시절에 발전한 전국적인 경찰 조직은 사회의 통제와 동원에 도움을 주었다. 국가가 사회의 모든 분야에 미친 영향력 덕분에 정부는 모든 정치적 우선 사항을 실행할 수 있었다. 이것은 또한 자본주의가 형성될 수 있는 기반을 마련했다.

---

74) Myrdal, Gunnar. 1973:산업화 이념은 또한 남아시아가 전통적으로 공급해온 원자재에 대한 수요가 상대적으로 감소한 것과, 가속화된 인구 증가의 결과에 대한 인식이 점차 커짐에 따라 더욱 촉진되었다. 남아시아는 농업에서 여러 문제에 직면해 있으며, 이곳에서는 증가하는 노동력을 거의 완전히 활용하는 것이 어려운 상황이다. 또한, 노동력은 계속해서 빠르게 증가하고 있다. 현대 산업에서는 더 크고 빠른 생산 증가가 가능하다. 왜냐하면 이곳에서는 노동력의 효과적인 활용을 방해하는 제도적 장벽들을 더 쉽게 우회할 수 있기 때문이다. p.287.

75) 표5) 학생 수 (1945 - 1975)

학교 종류	1945	1953	1955	1960	1965	1970	1975
국민학교	-	59.6	77.4	86.2	91.6	102.8	107.6
중학교	-	21.1	30.9	33.3	39.4	53.3	74.0
고등학교	-	12.4	17.8	19.9	27.0	29.3	40.5
대학교	-	3.1	5.0	6.4	6.9	9.3	8.6
인구 대비 학생 수	5.7	13.3	17.2	18.5	22.0	25.3	28.8

2. 새로운 엘리트의 등장[76]

5.16 혁명을 통해 새로운 지배 계층이 형성되었다.[77]

이 계층에는 군사 엘리트, 새로운 기술 관료, 영향력 있는 국내 자본가들이 기본적으로 포함되었다.[78] 특히 군사 엘리트와 이승만 및 민주당 정권 하의 기존 엘리트들과는 큰 차이가 있는데, 기존 엘리트는 대부분 한국사회 상류층 출신이었으나, 군사 엘리트의 대다수는 가난한 농촌 가정 출신이었다. 군사 엘리트는 목표 지향적 합리성으로 목표를 효과적으로 달성할 수 있었던 고도로 현대화된 집단이었다.[79] 이 새로운 엘리트는 장군이 아닌 참모 장교들로 구성되어 있었으며,[80] 이들은 이승만 정권 하에서 정치적 엘리트와 연결되어 있던 장군들과는 구별되었다. 참모 장교들은 정치, 경제, 사회 권력 계

---

76) Chatterjee,Pranab.: 림링거는 산업화 엘리트들이 복지국가의 성격을 설정한다고 제안했다. 그는 세 가지 종류의 엘리트를 나열했다: 자유주의적 엘리트(중산층에 해당), 가부장적 엘리트(왕조 지도자와 식민지 관리자에 해당), 집합주의적 엘리트(혁명적 지식인과 민족주의 지도자에 해당)라고 했다. (S. 20) 사회 산업화는 산업화 엘리트들에 의해 시작되며, 이들 엘리트에는 다섯 가지 종류가 있다: 1) 중산층 (영국, 미국), 2) 역동적인 지도자들 (쿠웨이트, 사우디아라비아), 3) 식민지 관리자들 (인도, 인도네시아), 4) 혁명적 지식인들 (러시아, 중국), 5) 민족주의 지도자들 (인도, 인도네시아). Kerr,C. The Industrializing elites. 1965. Zit. nach Chatterjee,Pranab. pp.117-118.

77) Gunnar Myrdal (1971): 오히려 이것은 깊은 정치적 격변의 결과였으며, 이는 인과적으로 연결되어 있다. 첫째, 식민지 지배 구조의 급격한 해체; 둘째, 저개발 국가들 자체에서 또는 자신감 있는 엘리트들 내에서 발전을 추구하는 움직임; 셋째, 특히 냉전과 같은 국제적 긴장들이 저개발 국가들의 운명을 선진국들의 외교정책 문제로 만든 것이다. p.6. Politisches Manifest über die Armut in der Welt

78) 참조. Evers, H.D/ Schiel, Tilman.1988: Begriff der 'Strategische Gruppe'

79) Lucian W. Pye. 1962:Armies in the Process of political Modernization In: John J. Johnson (ed). 군인은 항상 자신의 나라의 경계를 넘어 다른 나라의 군대와 자신의 조직을 비교해야 한다. 그렇기 때문에 그는 국제적인 기준을 더 잘 지키며, 자신의 사회의 약점에 대해 더 큰 민감성을 가진다. p.73, Princeton, N.Y

80) Kim,Jong-Min.1983:1960년, 군인들은 네 가지 그룹으로 구분할 수 있었다. 첫 번째 그룹은 일본 군사학교(JMA)를 졸업하고 주로 제2차 세계대전 전후로 군 경력을 시작한 군인들이었다. 두 번째 그룹은 만주 군사학교를 졸업하고 전쟁 중 일본군 아래에서 만주에서 싸운 군인들로 구성되었다. 세 번째 그룹은 '학생 군인'으로 불리는 군인들이었으며, 제2차 세계대전이 끝나기 직전에 학생으로 군에 징집되어 간단한 훈련을 받은 후 전선으로 보내진 군인들이었다. 네 번째 그룹은 식민지 시대에 국민당 군사학교를 졸업하고 일본군에 맞서 싸운 군인들이었다. p.74, Frankfurt/Bern

층과는 관련이 없었기 때문에 독립적으로 혁명을 이끌 수 있었고,[81] 이 혁명은 새로운 엘리트에게 정부 개발계획을 주도할 동기를 제공했다. 혁명 이후 이들은 정치 기관, 행정기관, 국영기업, 민간기업, 다양한 협회 등에서 활동하며 국가의 핵심 영역에서 권력을 장악했다.[82] 군사 엘리트가 지배 구조의 중심에 있었고, 이들은 많은 기술관료(테크노크라트)로 보완되었다. 이 기술관료들은 이승만 정부 말기 한국은행 조사국과 산업개발위원회 재건부서에서 근무했던 전문 인력으로, 고도의 전문 지식과 경험을 갖고 있었다. 재건부서에 소속되지 않았던 기술자들 중에서도 많은 전문가들이 기용되었다. 이들 기술관료는 개발계획 추진 과정에서 뛰어난 능력을 발휘했고, 군사 엘리트의 보호 아래에서 활동했기 때문에 정당의 간섭 없이 독립적으로 업무를 수행할 수 있었다. 군사 엘리트는 자본가들에게 정권을 지지하고 개발계획을 수용할 경우 자본을 안전하게 증식시킬 수 있는 기회를 제공하였다. 박정희 정권은 강력한 국가 권력을 통한 사회 안정, 외국 자본 도입을 통한 산업화 추진, 민간 관료 및 기술관료와의 연합 형성에 주력했는데, 그 중심에는 군사 엘리트가 있었다.

---

81) Behrenhardt(1965); 엘리트, 특히 개발도상국에서는 모든 사회생활 분야에서 특별한 권력과 영향력을 가진 사람들을 엘리트로 이해해야 한다. 구 엘리트들, 즉 전통적인 사회 질서의 대표자들이 외부의 영향을 처음 접했을 때 보이는 반응은 일반적으로, 비록 몇 가지 중요한 예외가 있더라도, 기술과 경제 분야로의 변화를 제한하려는 노력이다. 이는 권력 위치를 가진 사람들에게 즉각적인 이익이 되는 방식으로 변화를 적용하려는 시도로, 사회 질서와 비물질적 문화를 외부의 영향을 받지 않도록 '차단'하고, 이를 통해 사회를 계속해서 고착시키려는 목적을 가진다. p.212.

82) 표 6) 정부 내의 군출신 인사숫자 1961-1975

	1961-1963			1963-1975		
	전체	군출신	%	전체	군출신	%
총리	3	2	66.7	4	2	50.0
행정부	49	27	55.1	120	42	35.0
도지사	17	11	64.7	56	18	32.1

출처 Kim, Eugence C.I. 1978: The Value Congruty Between ROK Civilian and Former Party Elites, In; Asian Survey, Vol. 18, No. 8 (August 1978), p.841.

박정희 정부는 주로 강력한 국가 권력 수립을 통한 사회적 안전 강화, 외국 자본 도입을 통한 산업화 추진, 그리고 군사 엘리트를 중심으로 한 관료들과 기술자들 간의 동맹 구축을 위해 노력했다. 이러한 박정희 정부의 주요 부분에서 몇 가지 특이한 현상을 찾아볼 수 있다. 거기에는 의회의 기능 축소, 정치 분야에서의 야당 억압, 그리고 사회 분야에서의 자유와 인권 및 시민사회의 억압이 포함된다. 혁명에서 군사 정부를 거쳐 박정희 정부 초기에 이르기까지 이어졌던 이러한 정책들은 정부에 대한 대중의 지지가 부족하고, 미국의 영향이 긍정적으로 평가되지 않았기 때문에 시스템의 안정화로 이어지지 않았다. 혁명으로 등장한 정부는 국내외적으로 정당성이 부족한 상태였기 때문에 좋은 출발점을 갖지 못했다. 여기에 혁명 세력과 군대, 그리고 지도 세력 간의 갈등이 더해졌고, 따라서 권력자는 지배 체제를 강화하기 위해 반혁명 세력을 제거했다. 이후 안정된 정치 상황에서 경제발전의 필요성과 함께 이러한 조치들을 정당화하려 했다.

혁명으로 인한 지배 세력, 특히 박정희가 중심이 된 정부는 사회의 모든 계층을 재편성하고 경제 발전을 촉진할 정치적 조건을 만들었다. 2년 9개월 동안 지속된 군사 정부는 지배 구조의 철저한 재편성으로 가는 과도기적 다리가 되었다. 박정희는 1961년 11월 일본과 미국을 방문했다. 이 방문을 통해 군사 정부는 마침내 국제적으로 인정받았다. 혁명 직후, 박정희 정부는 미국에 군사 지원과 경제 협력을 요청했다. 이 요청은 다음과 같은 내용을 포함하고 있었다:

① 1962년 새로운 지원 요청, 혁명 후 미국의 경제 지원이 중단되었기 때문.
② 개발 계획에 대한 경제적 및 기술적 지원.
③ 군사 지원을 위해 2천만 달러의 증액 요청.
④ 위의 사항을 협상하기 위한 정상회담 제안.

그러나 이러한 요구는 박정희가 혁명의 주요 인물이고 정치적 의도를 가진 인물이라 여겨져 미국에서 즉시 받아들여지지 않았다.[83] 하지만 이후 미국은 이 요구들을 수용하게 된다. 그 결과 박정희는 미국을 방문하여 당시 미국 대통령 케네디의 지지를 확인했다. 한편, 일본에서는 한국과 일본 간의 외교 관계 회복이 합의되었다. 이후 한국은 미국의 지원을 받으며, 미국의 영향권 아래 있던 다른 나라들로부터 국제적인 인정을 받게 되었다.[84] 그렇게 강화된 박정희 정부는 1962년 헌법을 개정했다. 이 새로운 헌법은 대통령의 권한을 강화하는 내용을 담고 있었다. 새로운 헌법에 따라 대통령은 최고 법원장과 내각 구성원을 임명할 권한을 가졌으며, 대통령이 필요하다고 판단할 경우 비상사태를 선포할 수 있는 권리도 부여되었다. 또한, 이 헌법은 대통령이 언론, 출판, 집회의 자유를 제한하거나 철회할 수 있는 권한을 부여했다.

3. 국가와 기업 간의 개편된 관계

1950년대 한국은 빈곤, 중소기업 붕괴, 빈부 격차, 만성적인 인플레이션, 대량 실업 등으로 인해 사회 전반의 불만이 누적되어 있었다. 이러한 불만은 4.19혁명으로 표출되었고, 이에 따라 부정하게 자금을 획득한 인물들에 대한 처벌과 자금 환수에 대한 요구가 강하게 나타났다. 1961년 2월 장면 정부는 '부정축재 처벌법'을 제정하였고, 이후 5.16혁명 후 박정희 정부로 이 법의 시행 책임이 넘어갔다. 박

---

83) Mason, Edward. : 한국의 경제적 및 사회적 현대화, "박은 미국 정부에 대해 매우 의심스러워했다. 박 대통령의 연설에는 외세, 즉 미국에 대한 의존에서 벗어나야 한다는 언급이 자주 등장한다. 이는 양쪽 모두에 해당하는데, 미국은 박 대통령의 쿠데타에 대해 처음에는 매우 불만스러워했다. 서울의 미국 대사관은 쿠데타를 그다지 긍정적으로 바라보지 않았으며, 초기에는 고위 한국 정부 관계자들이 쿠데타를 정당화하기 위해 워싱턴에 가는 비자를 발급하기를 거부했다. pp.165-182.
84) 동아일보, 1995.01.16. '5.16 비밀의 역사'

정희 정부는 출범 직후 부정부패를 강력하게 처벌하기 시작했다. 1961년 3월 28일, 부정축재자에 대한 처벌 항목을 발표했고, 7월 21일 다섯 번째 수사 발표에서 다음과 같은 결과를 알렸다. (부정축재금: 7,260억 원. 압수금: 600억 원. 공무원 부정부패 관련 금액: 210억 원) 처벌은 매우 강경했고, 재산 몰수조치를 통해 해당 자산을 국유화하였다. 이러한 처벌 대상자는 매우 많았으며, 이는 상당한 양의 자본이 해체되었음을 의미한다. 하지만 시간이 지나면서 이러한 강경한 처벌은 점차 완화되었다. 예를 들어, 1962년 1월에는 기업들이 공장 건설을 통해 국가에 기여하면 처벌을 면제받을 수 있게 되었다. 또 다른 예는 처벌을 벌금으로 대체하는 방식이었다. 이러한 변화는 정부가 경제 개발을 위해 자본을 절실히 필요로 했다는 점을 보여준다. 1962년 4월, 박정희 정부는 '부정축재자 자산몰수에 따른 기관 설립에 관한 특별법'을 통해, 부정축재 기업들에게 벌금을 요구하는 대신 1차 경제개발계획에 자본을 투자하도록 했다. 동시에 정부는 국가와 협력하고 자본을 투자하는 기업들에게 외국 자본 도입에 대한 우선권과 은행 대출을 제공하였다.[85] 또한 기업별로 특정 산업 부문을 지정하고, 그 부문에 투자를 요구하였다. 이에 따라 기업은 정부 정책에 따라 급속히 성장하며 재벌로 발전하게 된다.[86] 1961년 8월 16일, 한국경제인협회가 설립되었으며, 이는 기업들의 이해관

---

85) Widmaier, Hans P. 1974:복지국가의 정치경제학. 경제정책은 글로벌 관리의 전략, 즉 몇 가지 주요 경제 지표의 조작에 불과했지만, 이것만으로는 충분하지 않았으며, 최소한 원칙적으로는 경제 발전의 전체적 개념에 포함되어야 했다. 이때, 국가 계획과/또는 구조적 변화의 조정이 관련된 조직된 그룹들의 의존에 의해 직접적으로, 그리고 계획이 구체적일수록, 국가의 개입이 직접적일수록 그 의존도가 더욱 명확해진다. pp.20-21, Frankfurt

86) 참조. Hofmeister,W/Thesing,J. 1999: 일본의 산업화. 1. 일본은 첫 번째 세기 동안 "농업적 - 재보험된" 산업화 과정을 거쳤다. 2. 일본의 산업화는 그 단계에서 주로 섬유 산업에 의해 주도되었다. 3. 상당 부분은 기능적으로나 재정적으로 의존적인 소규모 및 초소규모 기업들의 희생 위에서 이루어졌다. soziale Sicherheit in Asien., pp.35-37.

계를 정부에 체계적으로 전달하는 역할을 하였다.[87] 당시 한국은 개발 초기 단계의 후진국이었으며, 이들 기업은 국가가 개발 전략을 추진할 수 있는 유일한 동맹 세력이었다. 박정희 정부는 이 협회를 통해 자본 배분과 기업 간 경쟁 제한 등의 경제정책을 효율적으로 수행할 수 있었다. 반대로, 기업들도 이 협회를 통해 정부에 체계적으로 영향력을 행사하게 되었다. 이는 계급 간의 내부 연합이 형성되며 외부와의 갈등이 심화되는 구조로 변화했음을 의미하는데, 결국, 자본의 구조는 강력한 국가 통제 하에 재편되었고, 대기업이 경제개발의 주도 세력으로 떠오르게 되었다. 박정희 정부는 국가 정책에 협조하는 기업들에게 자본 축적을 보장해 주었다. 이는 박정희 정부의 빠른 산업화를 가능케 한 개발 전략의 특징이다.[88]

4. 개발 전략으로서의 5개년 계획
1) 제1차 5개년[89] 계획 (1962 - 1966)

경제개발을 위한 제1차 5개년 계획은 1962년에 시작되었습니다. 이 계획은 경제 부문에 집중하여, 한국 사회 전체 구조를 변화시키는

---

87) Evers,H.D/ Schiel,T.1988: Strategische Gruppen, pp.40-41.
88) 참조. Alber, Jens. 1979: Ergebnis aus verschiedenen empirischen Analysen
미국과 대체로 영국과 프랑스에서는 산업화가 자유주의 국가의 보호 아래에서 개인 기업가들이 자신의 개인적인 initiative를 펼치며 이루어졌고, 그들은 국가와 사회에서 지배적인 권력 위치를 차지하게 되었다. 반면, 독일과 차르제 러시아에서는 산업화가 권위주의적 국가 및 사회 체제 내에서 개인 기업가들에 의해 추진되었으며, 이 체제에서는 자유주의적 기업 아이디어가 군주제 및 국가 관료들의 이익에 비해 하위적인 위치를 차지했다. 마지막으로, 소련에서는 산업화 과정이 민간 기업가 계급 없이 전체주의적 정당에 의해 관리되었다.p.158.
89) Myrdal,Gunnar. 1973: Asiatisches Drama. 거의 모든 전통적이지 않은 사고를 가진 지식인들은 미개발 국가에서 계획적이고 지휘된 산업화라는 방법이 발전을 촉진하는 방식으로서 공산주의 이론에 깊은 영향을 받았다. 그들에게 있어, 소련의 계획 경제에서 나타난 성공은 하나의 교훈으로, 자신들의 발전 경로를 결정하는 데 이를 적용하고자 하는 강한 의지를 불러일으킨다. 또한, 진정한 정치적 독립은 식민 지배로부터 벗어나기 위해서는 계획된 산업화를 통해서만 가능하다는 공산주의 이론은 매우 설득력 있게 다가온다. p.286.

개발 전략이었다. 이 향상된 개발계획은 본래 4.19 혁명 이후 장면 정부에서 초안을 마련했던 5개년 계획 초안에서 발전한 것이다. 계획의 핵심은 수출에 중점을 둔 산업화 전략이었는데,[90] 이는 계획 수립 초기 단계에서는 찾아볼 수 없었다. 계획이 구체화된 후, 박정희 정부는 IMF의 권고를 수용하여 수출 산업화에 우선순위를 두게 되었다. 이 제1차 5개년 계획이 가지는 중요성은 다음과 같다:

박정희 정부는 미국의 대(對)한국 지원 정책의 변화를 수용하였다. 미국의 지원은 무상 원조에서 유상 원조로 전환되었고, 이에 따라 박정희 정부는 외국 자본 도입을 목표로 하는 경제 개발 계획을 적극적으로 추진했다. 지배 엘리트는 경제 발전에 대한 확고한 의지를 가지고 있었으며, 장기적이고 구조적인 시각에서 이를 실현하고자 했다.

(1) 주요 목표와 기본 원칙

제1차 계획의 목적은 사회와 경제가 놓여 있던 악순환의 고리를 끊고, 자립적인 경제 기반을 구축하는 것이었다. 이를 위해 다음과 같은 두 가지 기본 원칙이 설정되었다:

첫 번째 원칙: "정부는 자유 시장 경제의 원칙에 따라 시민의 자유와 창의성을 존중하고, 민간 기업의 창업을 장려해야 한다. 또한 금융 및 외환 분야에서 민간 기업을 간접적으로 지원해야 한다. 단, 민간 기업이 참여하기 어려운 사회간접자본 산업 및 기타 부문에 대해서는 정부가 직접 혹은 간접적으로 참여해야 한다."

---

[90] Midgley, James.1995: 계획은 개입이라는 아이디어를 표현하며, 사회 발전에서 중요한 개념이다. 유토피아적 아이디어와 '유도된' 변화에 관한 사회학적 이론을 바탕으로, 계획의 지지자들은 사회적이고 경제적인 과정들이 합리적인 개입을 통해 지향될 수 있으며, 이를 통해 사회를 개선할 수 있다고 주장한다. 계획은 제2차 세계대전 후 새로 독립한 개발도상국들에서 널리 채택되었으며, 이러한 국가들에서는 경제 성장과 현대화를 촉진하려는 시도가 정부와 국제기구들, 예를 들어 유엔에 의해 적극적으로 추진되었다.p.126.

두 번째 원칙: "정부는 자원과 인적 자본을 최적화하여 생산력을 극대화하고, 자본 형성을 달성해야 한다."

이를 위해 정부는 국내 자본을 최대한 동원해야 했고, 필요한 외화를 확보하기 위해 외국인 투자를 유치해야 했다.[91] 정부는 외환보유고를 기업 목적에 따라 계획적으로 배분하였고, 국내 노동력을 효율적으로 활용하여 경제적 안정을 추구했다.

이 계획의 주요 중점 과제는 다음과 같다:

- 에너지 및 전력 공급 개선
- 농업 생산성 향상을 통한 농가 소득 증대
- 인구경제 구조의 비대칭성 개선
- 산업 분야 확장
- 간접 자본(금융 자본 등) 확대
- 원자재 활용의 효율화
- 수출 증대를 통한 수출입 균형 개선[92]

---

91) Prisching, Manfred.1996: 국가 부채에 대한 주요 반대 논거는 다음과 같습니다. 첫째, 민간 투자가 밀려난다. 정부가 신용으로 재정 지출을 하면, 이는 신용 시장에서 수요를 증가시켜 금리를 높이게 된다. 정부 지출은 금리에 민감하지 않지만, 민간의 금리에 민감한 투자는 위축된다. 그러나 이러한 판단에서 공공 투자의 생산성 향상 효과도 고려해야 한다. 만약 공공 투자가 민간 투자와 보완적이라면, 민간 경제 활동에 긍정적인 영향을 미칠 수 있다. 둘째, 국가 부채는 적절한 재정 및 통화 정책과 결합되어야 한다. 매우 확장적인 재정 정책이 인플레이션 위험으로 인해 제한적인 통화 정책과 결합되는 것이 유리할 수 있는 경우는 특별한 경우에 해당한다. 셋째, 재정적 여력이 좁아진다. 부채가 증가할수록 공공 예산에서 부채 상환 비율이 높아진다. 이는 운영 비용과 재량적 지출, 즉 전반적인 정책의 여력을 제한하게 된다. 증가하는 상환 비용은 세금 인상이나 추가적인 부채를 통해 충당되며, 이는 장기적으로 경제력을 약화시킬 수 있다. p.149.

92)표7) 수출구조 1958-1969 (in 1000 Dollar)

품목\비율	1958	%	1964	%	1969	%
농산품	1,532	9.0	12,562	10.4	19,500	3.4
해산품	4,246	25.3	24,050	19.9	40,000	6.9
광산품	8,528	50.9	21,917	18.1	35,000	6.1
공산품	2,474	14.8	62,322	51.6	480,000	83.6

출처: 경제기획부 주요경제지표 1957-1969

- 기술 개발 촉진

박정희 정부는 국민총생산(GNP), 자본 동원, 산업 각 부문, 무역 및 주택 문제 등 모든 분야에 구체적인 수치 목표를 설정하고, 이 수치 목표 달성을 추진했다.[93]

표 8) 1차 5개년 계획과 성과(1962-1966) (%)

		1960	계획	결과
GNP 성장률		2.3	7.1	8.3
	- 1차 산업	1.7	5.7	5.5
	- 2차 산업		15.1	14.8
	- 3차 산업		5.4	8.9
산업구조	- 1차 산업	36.3	34.8	37.9
	- 2차 산업	14.7	20.6	19.8
	- 3차 산업	49.3	44.5	42.3
	중공업	25.8	35.6	30.9
	경공업	74.2	64.4	69.1
Umverteilung der Investition	1차 부문	2.1	17.4	8.5
	2차 부문	33.7	33.2	26.1
	3차 산업	64.2	49.4	65.4
투자		11.6	22.6	15.6
국내 자본		5.0	9.3	6.9
해외 자본		6.6	13.3	8.7

출처: 합동통신. 합동년감 1972

(2) 주요 내용

박정희 정부는 제조업 및 건설업 등 이차 산업 부문의 미발달이 한

---

[93] 참조. Cole/Lyman: Korean Development „박 정부의 견해는 발전에 대한 강조와 독일 경험에 대한 뚜렷한 찬양 및 모방을 통해 점차 명확해졌다. 박 대통령은 지도력의 초기부터 서독의 예를 들며, 서독이 동독에 비해 훨씬 우수한 내부 경제적 및 정치적 강화를 이루어낸 것을 자주 언급하며, 이를 한국의 발전 모델로 삼고자 했다. p.232.

국 경제 후진성의 주된 원인이라고 인식했다. 이에 따라 중화학공업 중심의 산업화를 자립경제 실현의 첫걸음으로 보았다.

한국 경제 구조의 특성을 고려할 때, 제1차 5개년 계획은 산업화를 통한 경제 자립의 토대를 마련하기 위한 것이었다. 박정희 정부는 산업구조의 기형적 발전을 방지하고자 했다. 이를 위해 계획 기간 동안 이차 산업 생산량은 10% 증가, 일차 산업 생산량은 3.6% 증가하도록 설정하였다. 정부는 이 시기에 중화학공업 중심의 제조업에 기업들의 투자와 설립을 강제했으며, 중화학공업의 범위는 시멘트, 정유, 비료 산업 등 기반 산업으로 구성되었다.

비료 및 정유 산업처럼 대규모 투자가 필요한 분야는 정부가 직접 운영하였고, 대기업 자본은 다른 산업 부문에 유도하였다. 이에 따라 박정희 정부는 은행업, 정유 산업, 철강산업, 주택 건설 등 사회간접자본 산업을 직접 주도하였다. 박정희 정부는 대규모 자본이 필요한 산업 부문에 국영기업을 설립하여 산업 간 연계 효과를 극대화하고자 했다. 실제로 1960년대 국영기업은 지속적으로 증가했으며, 그 수는 다음과 같다.(1962년: 44개, 1966년: 61개, 1968년: 97개, 1970년: 120개) 이 국영기업들은 국내 금융 자본과 외국 차관을 통해 재정 투자를 받았으며, 이로 인해 전체 산업 중 이차 산업의 비율은 1962년 19.2%에서 1966년 25.7%로 증가하였다.

(3) 재정정책

산업화를 위한 투자 자금 조달은 박정희 정부가 개발 단계에서 겪은 대표적인 시행착오 중 하나였다. 당시 박정희 정부는 외국 자본의 투자에 의존하고 있었지만, 외국 자본을 유치하는 방식과 이를 체계적으로 분배하는 계획은 미비했다. 이는 자립 경제에 대한 과도한 믿음과 외자 도입의 낙관적인 기대에서 비롯된 것이었다. 결과적으로 자금 조달에 대한 지나친 신뢰와 낙관주의가 전형적인 오류를 야기

했다. 1962~1963년 외환 위기와 인플레이션으로 인해 외국 자본의 재도입이 불가피해졌고, 박정희 정부는 한일협정을 통해 일본으로부터의 자금 차입을 추진하게 된다.

국내 재정 정책의 기본 방향은 개인의 소비 억제와 저축의 동원을 통한 자본 형성이었다. 정부는 저축을 동원하여 형성된 자본을 인프라구축에 사용하기로 결정했고, 이를 위해 박정희 정부는 국내 자본을 동원하고, 간접세 확대 및 사회간접자본 산업에 대한 세금 감면 등의 세제 개편을 단행했다. 세제 개편의 주요 목적은 세수 증대를 통한 자본 동원 강화 및 산업 지원이었지만, 한편으로는 국민에게 세금 부담을 가중시키는 결과를 낳기도 했다. 또한, 1961년 6월 '은행법 임시조치법'을 제정하여 국가가 금융을 직접 통제할 수 있도록 했다. 이 법으로 인해 모든 은행이 국유화되었고, 정부는 은행 소유권을 확보하며 금융 전반에 영향력을 행사하게 되었다. 1962년 5월에는 은행법 및 한국은행법[94]이 개정되어, 박정희 정부는 한국은행의 위원 전원을 임명할 수 있게 되었고, 외환 관리권도 확보하게 되었으며, 이는 곧 재정정책에 대한 결정권과 인사권이 정부에 집중되었음을 의미하며, 이로써 통화량과 자금 운용, 자본 축적을 직접 통제할 수 있는 기반이 마련되었다.

2) 계획의 개선

박정희 정부가 강력하게 추진했던 제1차 5개년 계획은 실행 과정에서 여러 문제점을 드러냈다. 외국 자본의 유치는 기대만큼 성과를 내지 못했고, 자본의 산업별 분배 계획이 미비하여 투자 실패가 발생하였고,[95] 그 결과 외환 위기와 인플레이션이 발생했다.[96]

---

94) Cllifford,Mark: 박정희는 빠르고 기민하게 금융 시스템의 통제를 장악했다. 이 통제는 운영 수준까지 확장되었으며, 1960년대 초부터 1990년대까지 정부는 주요 은행의 경영진 임명을 승인하고, 연간 예산을 심사하는 역할을 했다. p.61.

1962년 화폐개혁은 흐지부지되었고, 1963년에는 흉작으로 인한 식량 위기가 겹쳐 국내 경제는 침체되었다. 이러한 위기의 핵심은 계획을 추진할 자금의 동원 부족인데, 외국 자본의 유입은 미미했고, 박정희 정부는 국내 자본을 동원해 인플레이션을 억제하려 했으며, 외환보유고도 사용할 수밖에 없었다.[97] 이에 따라 수입 수요는 증가했지만 수출은 목표에 미치지 못했으며, 정부는 새로운 대안을 마련할 수밖에 없었다. 이러한 상황에 대한 정부의 빠른 대응이 바로 '계획의 변경'이었다. 이 새로운 대안은 자유시장경제 체제를 기반으로 한 것인데, 박정희 정부는 제1차 계획에서 다음과 같은 문제점을 인식하고 개선이 필요함을 확인했다: 외국 자본의 상환 조건을 충분히 고려하지 않았고, 수입 원자재에 의존하는 산업 구조가 경제발전에 어떤 영향을 미칠지 고려하지 못했다. 외국 자본에 의존한 투자 계획을 세웠음에도 불구하고, 자본의 경제적 안전성과 그 역할을 충분히 분석하지 않았다. 국내의 잠재력과 저축 가능성에 대한 점검 없이, 정부의 의지만으로 계획을 추진했고 기업과 경제 부문 간의 관계를 고려하지 않아, 경제적 타당성에 대한 정밀한 검토가 부족했으며, 주요 원자재의 수급 계획 및 구체적인 지원 정책 준비가 미흡했다.

　　이와 같은 문제로 인해 인플레이션, 외환 위기, 식량 부족 등 다양한 위기가 국내 시장에 악영향을 미쳤고, 이에 따라 '개선된 계획'은

---

95) 1964년 1월 10일 박정희 신년사: 첫 번째 5개년 계획은 이 나라의 산업화와 자립적인 경제의 기초를 확립하는 목적을 가지고 있었으며, 개선해야 할 몇 가지 사항이 있었습니다. 그러나 첫 번째 5개년 계획은 경제 활동을 위한 새로운 목적을 설정했으며, 그것은 조국의 현대화를 위한 것으로, 발전을 향한 의지를 가지고 모든 경제 분야에서 다양한 구축 활동을 추진하는 것입니다.
96) Altvater, Elamr. 1991:Über die Schuldenzyklus von Entwicklungsländern., In; Die Zukunft des Marktes., pp.164 -165.
97) Myrdal, Gunnar. 1971: 원자재 자원은 발전의 기초로서 과대평가되어서는 안 된다. 가장 강력하게 산업화된 일부 경제국들, 예를 들어 덴마크, 스위스, 일본은 주로 수입된 원자재를 바탕으로 산업을 발전시켜 왔다.p.33.

단순한 양적 수정이 아닌, 수출 산업화 중심의 구체적 전략으로 발전했다. '개선된 계획'은 첫 번째 계획에 대한 정부의 매우 신속한 반응으로, 새로운 대안이었다. 즉, 새로운 대안은 자유 시장 경제였으며, 박 정부는 첫 번째 계획에서 개선해야 할 문제들은

첫째, 박 정부는 외채 상환 조건을 제대로 이해하지 못했으며, 수입 원자재에 의존하는 산업 구조가 경제발전에 미친 영향을 인식하지 못했다. 비록 박 정부는 외국 자본에 의존한 투자 계획을 세웠지만, 그 구조적인 문제를 간과했다.

둘째, 박 정부는 경제적 안정성과 발전에서 자본이 차지하는 중요성을 제대로 고려하지 않았고, 이는 5개년 계획에서 중요한 역할을 했다.

셋째, 정부는 인구경제에서 잠재적인 용량과 저축 활동을 점검하지 않았으며, 오직 정부의 의지에만 의존했다.

넷째, 박 정부는 기업과 경제 분야 간의 관계에 대해 충분히 고려하지 않았으며, 이로 인해 경제적 적합성에 대한 정확한 검토가 이루어지지 않았다.

다섯째, 박 정부는 주요 자재의 공급과 수요 계획 및 구체적인 지원 정책에 대한 준비가 부족했다.

위에서 설명한 것처럼, 개선된 계획은 인플레이션, 외환 위기, 식량 부족 등으로 인해 국내 시장에 나쁜 영향을 미친 결과로 발생했다. 이 개선된 계획은 단순히 수량적 보완에 그치지 않고, 외국 자본에 의존한 수출 지향적 산업화 전략을 구체화한 계획이었다. 계획이 개선된 후, 박 정부는 개방 경제 시스템을 설정하고, 한일 간의 화해, 베트남으로의 파병,[98] 외국 자본의 적극적인 수용[99] 수출 증대 및 무역 자유 확대 등을 추진했고, 이를 통해 박 정부는 계획을 수출 지향적인 산

---

[98] Damit verdient Korea aus Vietnam zwischen1966-68, 1966.58 Millionen $. 67. 144 Mil. $. 68.172 Mil.$

업화[100]로 구체화되었다.[101]

3) 제2차 경제개발 5개년 계획 (1967-1971)

제2차 경제개발 5개년 계획의 기본 목표는 1980년대 초까지 자립적인 경제를 구축하는 것이었습니다. 이러한 장기적인 관점 아래, 산업 구조의 고도화와 자립경제 구축을 위한 준비 과정이 진행되었다. 제2차 계획은 제1차 계획을 능가하는 보다 적극적인 산업화 정책이

표 9) 베트남에서의 소득(Mil. $)

	1966	1967	1968
상업 소득	13.8	7.3	5.6
군사물자소득	9.9	14.5	30.8
건설	12.3	43.5	58.4
민간 송금	9.7	40.6	38.4
군인 송금	13.2	30.0	34.4
그 외	0	8.8	4.6
전체	58.9	144.7	172.2
베트남 수출	558.0	744.8	993.0
전체 수출에서 차지하는 비중	10.6	19.4	17.3

출처: United States Operations Mission to Korea, 1969 rezit: Cole, David/ Lyman, Princeton: Korean Development , p. 135

99) 1966년, 한국은 미국, 독일, 영국, 프랑스로부터 총 2억 5,600만 달러의 상업적 신용 대출을 받았습니다. 한국연감, 1969

100) 1960년에서 1975년 사이에 수출 신용의 총액은 5배 증가했으며, 1975년에는 은행 전체 대출액의 약 21.4%를 차지했습니다. 1965년에서 1974년까지 세금 면제 총액은 28억 원에서 1,017억 원으로 증가했으며, 세금 면제의 규모는 26억 원에서 3,367억 원으로 증가했습니다. 수출 산업의 에너지 비용은 내수 시장을 위한 기업들보다 약 20% 더 저렴했습니다.

101) Luther,Hans.1981: Auswirkungen des exportorientierten Industrialisierungsprozesses Südkoreas folgendermaßen

a) '경제적'발전은 외부 의존도가 증가하고, 소득 불평등이 심화되며, 귀중한 자원의 유출(즉, 외국에 의해 내국 노동력이 착취되는 상황)을 초래합니다. 이때 노동자는 생존 최저선을 간신히 넘는 임금을 받게 됩니다.

b) '사회적'영향은 농촌에서 도시로의 인구 이동(즉, 농촌 지역의 인구 감소)과 인구의 기본적인 필요가 거의 충족되지 않는 상황에서 나타납니다.

c) 이 과정은 사회 내 갈등을 촉발하고 사회적 양극화를 초래하며, '정치적'차원에서 국가는 발전 전략을 추진하고 시스템을 유지하기 위해 광범위한 억압 조치를 취하게 됩니다. In; Südkorea., München, p.202

특징이었다. 이 시기에는 기초 산업, 금속, 화학, 기계 산업의 발전이 중심 과제로 설정되었다. 이 계획은 단순히 경제 생산량을 확대하는 것을 넘어, 자립경제 체제를 구축하기 위한 준비 과정이기도 했다. 또한, 인구 증가를 억제하기 위한 가족계획 정책도 병행되었으며, 이 공계 및 기술 분야에서의 교육 기회 확대 계획 역시 포함되었다. 하지만 제2차 계획이 실행되는 동안, 한국 경제는 오히려 외국에 대한 의존도가 더 심화되었으며, 농업 부문은 점점 약화되었고, 그로 인해 농촌 인구가 도시로 이주하는 현상(농촌 이탈)이 가속화되었다. 또한 정부는 산업 고도화를 위해 대기업을 적극 지원하는 정책을 펼쳤는데, 이러한 정책은 결과적으로 대기업(재벌)의 탄생을 초래하였고, 중소기업의 약화를 가져오게 되었다.

표 10) 2차 5개년 계획과 결과 (1967-1971)

		1965	계획	성과
	GNP 성장률	7.4	7.0	10.5
	- 1차산업	-0.9	5.0	2.3
	- 2차산업	21.1	10.7	20.2
	- 3차 산업	9.9	6.6	12.3
산업 구조	- 1차 산업	38.0	34.0	28.9
	- 2차 산업	21.7	26.8	22.8
	- 3차 산업	40.3	39.2	48.3
	중공업 부문	27.8	33.6	37.8
	경공업 부문	72.2	66.4	62.2
투자 배분	1차 산업	11.6	16.3	8.5
	2차 산업	27.2	30.2	28.4
	3차 산업	61.2	53.0	63.1
	저축	12.7	19.1	26.3
	국내 자본	6.1	11.6	14.8
	해외 자본	6.6	7.5	10.5

출처: 합동통신. 합동연보, 1972. 서울

C. 산업화의 전제로서 노동력의 변화[102]

이 장에서는 노동자의 구성, 노동 환경, 그리고 노동자 계급의 경제적 지위에 대해 살펴보고자 한다. 노동자 계급이란 다음과 같은 사람들과 그 가족을 의미한다:

"생산 수단을 소유하지 않고, 자신의 노동력을 임금이나 봉급의 형태로 판매하여 생계를 유지하며, 그들의 (무보수의) 잉여 노동이 집단적 또는 개인적 자본가나 국가에 의해 착취되어 자본가의 이윤의 원천이 되는 계층을 말한다. 이들은 각각의 영역에서 기능 및 자격 수준에 따라 하위 또는 중간 수준의 역할을 수행하며, 자본가 계급으로의 이행이 실질적으로 불가능한 사람들이다." 이에 따라, 노동자 계급에는 물질적 생산 부문과 기타 사회 영역의 노동자, 그리고 생산 부문과 비생산 부문의 하급 및 대부분의 중간급 사무직 및 공무원이 포함되며, 민간 및 공공 서비스 영역도 포함된다. 노동자 계급의 핵심은 잉여가치를 직접 생산하는 1차 생산자, 즉 산업 노동자다."[103]

1. 인구학적 변화

대한민국의 인구는 1970년 중반 기준으로 약 3,210만 명으로 추정된다. 이에 따라 1km²당 약 325명이 거주하는 셈인데, 제2차 세계대전 이후 급격한 인구 증가(예: 1949년에는 약 2천만 명)는 높은 자연

---

102) Peter Flora und Jens Alber haben betont: 산업화와 도시화의 과정에서 네 가지 문제점이 나타났습니다. 1. 변화된 노동 조건에 따른 문제들, 이에는 사고 위험의 증가, 규율 있는 작업 과정에서의 일반적인 신체적 및 정신적 부담, 그리고 노동과 가정 생활의 분리 등이 포함됩니다. 2. 자유 노동 계약의 발전에서 발생하는 문제들, 여기에는 직장의 불안정성과 계약 당사자 중 한 쪽이 구조적으로 불리한 위치에 처하게 되는 문제가 포함됩니다. 3. 사회적 안전망 문제, 즉 재산이 없는 사람들이 질병이나 장애로 일시적 또는 완전히 노동을 잃었을 때, 또는 아직 경제 활동을 하지 않거나 하지 못하는 사람들(어린이, 노인, 여성) 또는 실직자들의 소득을 보장하는 문제입니다. 4. 특정 필수품 및 서비스의 공급 부족이나 가격 상승에서 발생하는 문제들, 이는 주로 의료 서비스와 주택 문제에 해당하며, 일부 경우에는 식량 공급 문제도 포함됩니다. 출처: 서유럽 복지국가의 발전에 관한 연구. in Politische Vierteljahresschrift 18. JG, Heft 4, p.718, 1977.

증가율, 북한에서의 난민 유입, 일본에서의 재한 동포 귀환등이 주요 요인이었다.

이러한 인구 변화는 다른 동남아시아 국가들과 마찬가지로 도시 인구의 급격한 증가와 농촌에서 도시로의 이주(농촌 이탈)로 이어졌다. 1960년대 중반에는 전체 인구의 거의 30%가 10만 명 이상의 대도시에 거주했고, 인구 분포는 지역마다 큰 차이를 보였는데, 해안 근처 지역과 남부의 평지 지역에 인구가 밀집되어 있었다. 1960년대 초반에는 인구 증가율이 연간 거의 3%에 달해 아시아에서 가장 높은 수준이었다. 경제발전을 위협할 수 있는 인구 과잉 문제를 해결하기 위해 정부는 가족계획 정책을 적극적으로 시행했고, 그 결과 일정한 성과를 거두기 시작했다. 예를 들어, 1966년에는 증가율이 2.5%로 떨어졌으며, 1970년에는 2% 이하로 감소했다.[104]

2. 도시화

산업화 과정에서 도시화는 특히 두드러진 현상이었다.

"도시 지역은 농촌지역보다 빠르게 발전했으며, 심각한 문제에도 불구하고 많은 개발도상국의 도시 지역은 농촌지역에서는 찾아볼

표 11) 인구 변동 (1956 - 1970)

	전체 인구(in 1000)	인구밀도(je qkm)	인구 성장률(%)
1956	22,358	222	2.9
1960	24,989	254	2.9
1966	29,208	297	2.5
1970	32,100	323	1.8

출처: 경제기획부 한국통계연감 1973

---

[103] Jung, Heinz. 1970: Zur Diskussion um den Inhalt des Begriffs 'Arbeiterklasse' und zu Strukturveränderungen in der westdeutschen Arbeiterklasse. In; Das Argument, Nr. 61, pp.678-679.
[104] Hesse/Ischinger. pp.200- 201.

수 없는 소득, 기회, 서비스 접근을 제공했다." 한국에서의 농촌 이탈 현상(농촌 해체)은 다음과 같은 이유들에 기인한다.

첫째, 산업화를 위한 필요한 노동력 채용 정책. 둘째, 농촌에서의 소득 감소는 곡물 가격을 낮추어 물가를 안정시키는 정책 때문.

셋째, 소규모 농업 운영

한국의 도시화는 두 가지 단계로 나눌 수 있다. 첫단계는 1950년부터 1960년까지의 전후 도시화와 두 번째 단계인 1960년부터 1970년까지의 산업화 초기 도시화이다. 전후 도시화는 한국 전쟁으로 인한 인구 이동으로 발생했고, 이 도시화의 특징은 농촌 인구가 소규모 상업이나 가사 지원을 위해 도시로 이동한 것이었다. 도시로 이주한 농촌 인구의 대부분은 20대 전후의 나이였으며, 이들의 도시 이주는 가족 단위가 아니라 개인적인 이주였다. 따라서 그들의 생활 기반은 여전히 농촌에 남아 있었다. 하지만 산업화 과정에서의 도시화는[105] 주로 낮은 교육을 받은 젊은 여성이나 남성, 중년 남성들로 구성되었고 이 도시화의 특징은 노동집약적인 단순 기술 작업에 대한 수요였다.[106] 이 시기의 이주는 가족 단위로 이루어졌으며,[107] 이는 전후 도시화와의 차이점이다.

3. 노동력 구성의 변화

1) 취업 인구의 변화

취업 인구의 규모는 만 14세 이상 인구수와 경제활동 참가율에 의

---

105) Alber, Jens. 1979: 일부 유럽 국가들, 특히 영국에서는 산업화 초기 단계에서 사회적 위기가 크게 확산되었습니다. 오래된 농업 제도를 바탕으로, 가족 규모와 관련된 최저 임금 제도를 통해 자유 노동 시장에 대한 반대 원칙을 세우려고 했습니다. p.159.
106) Storper, M. 1997: 산업화 - 경제 발전과 제3세계의 지역 문제, 위에서 설명한 현대화 관점은 도시화와 국가 발전 간의 관계에 대해 광범위한 결론을 쉽게 이끌어냅니다. 여러 비교 도시 시스템 연구에서는 국가 간에 관찰되는 차이가 주로 각 국가의 경제 발전 수준에 기인한다고 주장했습니다. 즉, 개발이 덜 된 국가들은 체계적으로 더 가파른 도시 계층 구조와 더 큰 도시 및 지역적 우위를 보이는 반면, 더 발전된 국가들은 그 반대의 모습을 보입니다. p.5

해 결정되었다.

취업 가능 인구는 1963년 1,500만 명에서 1971년에는 1,800만 명으로 증가했고, 경제활동 참가율은 1963년부터 전체 인구 대비 56% 수준에서 꾸준히 유지되었다.

1963년과 1971년 사이에 취업 인구 수는 증가했지만, 농촌 인구는 5.1백만 명에서 5.2백만 명으로 증가하며 변하지 않았다. 즉, 1963년과 1971년 사이에 농촌 지역의 취업 인구 수는 증가하지 않았다는 뜻으로 취업 인구는 취업자와 실업자로 구성된다. 취업자는 1963년 7.6백만 명에서 1971년 일천만 명으로 증가했으나. 반면, 실업자는 1963년 6.8백만 명에서 1971년 4.7백만 명으로 줄어들었고, 실업률

표 12) 경제활동인구 변화 1963 - 1971 (단위: 천명)

년도	전체인구	14세 이상 인구			비경제 활동인구
		경제활동인구			
		전체	노동자	실업자	
1963	15,085	8,343	7,662	681	6,742
1964	15,502	8,449	7,799	660	7,053
1965	15,937	8,859	8,206	653	7,078
1966	16,367	9,071	8,423	648	7,296
1967	16,764	9,295	8,717	578	7,469
1968	17,166	9,647	9,155	492	7,519
1969	17,639	9,888	9,414	474	7,751
1970	18,253	10,199	9,745	454	8,054
1971	18,984	10,659	10,066	476	8,442

---

107) 표 13) 토지 경작 면적에 따른 구분 (1960-1975)

	전체면적(in ha)				전체
	0.5 이하	0.5-1.0	1.0-2.0	2.0 이상	
개별 경작	606(27.8%)	705(32.3%)	681(31.2%)	190(8.7%)	2.182Pers(31.6%)
가구 경작	2.160(55.8%)	1.557(33.3%)	513(10.9%9)		4.680Pers(68.2%)
전체	3.216(46.9%)	2.262(33.0%)	1.194(17.4%)	190(2.7%)	6.862Pers(100.0%)

출처: Pai.J.H, The Out-migration of Agricultural Labor and Urban Market, Seoul 1977, p.60

은 8.2%에서 4.5%로 감소했다. 농업에 의존하지 않는 가족의 실업률은 매우 높았으나, 농촌 지역에서는 상대적으로 낮았다. 1963년 농촌 지역의 실업률은 2.9%였고, 농촌 이외 지역의 실업률은 16.4%였다. 1971년에는 농촌 지역의 실업률이 1.5%였으며, 농촌 이외 지역의 실업률은 7.4%로 낮아졌다.

2) 고용 구조의 변화

1963년 농업, 임업, 어업 부문의 취업자는 4.8백만 명으로, 전체 취업자의 63.1%를 차지했다. 경제 개발 계획이 진행되면서 비농업 및 임업 산업과 어업 외 산업이 크게 성장하여 많은 취업자들이 그곳에서 일자리를 찾을 수 있었다. 이에 따라 농업 및 임업 부문 취업자는 거의 증가하지 않고 그대로 유지되었다. 특히 광업 및 제조업 부문에서는 매년 0.2백만 명씩 취업자가 증가했고, 광업 및 제조업 부문 취

표 14) 산업별 고용 인구 (1963 - 1971)

	Agrar-Fischerei			Bergbau-Manufaktur			Dienstleistung		
	Personen (in 1000)	Zuwachsrate	%	Personen (in 1000)	Zuwachsrate	%	Personen (in 1000)	Zuwachsrate	%
1963	4,837	-	63.1	667	-	8.7	2,158	-	28.2
1964	4,825	-0.2	61.9	690	3.4	8.8	2,284	5.8	29.3
1965	4,810	-0.3	58.6	849	23.0	10.4	2,547	11.5	31.0
1966	4,876	1.4	57.9	913	7.5	10.8	2,634	3.4	31.3
1967	4,811	-1.3	55.2	1,115	22.1	12.8	2,791	6.0	32.0
1968	4,801	-0.2	52.4	1,282	15.0	14.0	3,072	10.1	33.6
1969	4,825	0.5	51.3	1,346	5.0	14.3	3,243	5.6	34.4
1970	4,916	1.9	50.4	1,395	3.6	14.4	3,734	5.9	35.2
1971	4,876	-1.8	48.4	1,428	2.4	14.2	3,762	9.6	37.4

출처: 경제기획부, 경제활동인구연감 1973

업자는 1963년 전체 취업자의 8.7%에서 1970년에는 14.4%로 증가했다. 광업 및 제조업 부문에서의 취업자 수 증가는 대부분 제조업 부문에서의 취업자 수 증가에 기인했다. 제조업 부문에서의 취업자는 전체 취업자의 8.0%에서 1970년 13.2%로 증가했다.

  1963년에서 1971년 사이에 인프라 및 서비스 산업을 포함한 다른 산업들도 빠르게 성장하여 취업자의 비율이 28.2%에서 37.4%로 증가했다. 산업 부문에서 여성 취업자의 비율을 남성 취업자와 비교해 보면, 1965년 전체 산업에서 여성 취업자 비율은 35.1%에서 1970년에는 36.7%로 증가한 것으로 나타났다. 산업 부문별로 보면, 농업과 임업에서 여성 취업자의 비율이 증가했으며, 광업 및 제조업에서는 1965년 28%에서 1970년 33%로 증가했다. 제조업 부문에서 여성 취업자의 비율은 1964년 31.7%에서 1970년 32.9%로 빠르게 증가했는데 이는 많은 여성들이 섬유 및 전자 산업과 같은 수출품 산업에 종사했다는 것을 의미한다.

3) 임금노동자 고용

  취업자 고용을 자영업자, 가족을 도와 일하는 사람, 임금 노동자로 나눌 수 있다. 1963년의 고용 구조를 보면 변화된 점을 알 수 있다. 1963년에는 자영업자의 비율이 37.2%, 가족을 도와 일하는 사람은 31.3%, 임금노동자는 31.5%였다. 그러나 1970년에는 자영업자의 비율이 34.2%, 가족을 도와 일하는 사람은 27.0%, 임금노동자는 38.8%로 증가했고 이는 임금노동자의 수가 증가했음을 의미한다. 이 변화는 자영업자와 가사 노동자들이 대부분 농업 분야에 종사했기 때문이다. 농업에 종사하는 가정의 가장들은 자영업자로 분류되었고, 그들의 가족 구성원들은 '가족을 도와 일하는 사람'으로 분류되었다.

표 15) 노동자의 임금 형태에 따른 고용 1964 – 1971(천명)

	전체	자영업	가족지원	전일노동	임금노동	일용직
1964	7,799(100.0)	2,887(37.0)	2,523(32.4)	925(11.9)	594(7.6)	870(11.2)
1965	8,206(100.0)	3,019(36.8)	2,552(31.1)	1,110(13.4)	682(8.3)	853(10.4)
1966	8,423(100.0)	3,0478(36.2)	2,567(30.5)	1,266(15.0)	625(7.4)	918(10.9)
1967	8,717(100.0)	3,158(36.2)	2,490(28.6)	1,502(17.2)	615(7.1)	952(10.9)
1968	9,155(100.0)	3,216(35.1)	2,508(27.4)	1,790(19.6)	595(6.5)	1,046(11.4)
1969	9,414(100.0)	3,284(34.9)	2,544(27.0)	2,035(21.6)	522(5.6)	1,029(10.9)
1970	9,745(100.0)	3,331(34.2)	2,628(27.0)	2,236(22.9)	520(5.3)	1,030(10.6)
1971	10,066(100.0)	3,440(34.2)	2,669(26.5)	2,323(23.1)	577(5.7)	1,057(10.5)

출처: 경제기획부 경제활동인구연감 1973

일반적으로 임금 노동자는 노동자로 이해된다. 임금 노동자의 수적 변화는 1963년 240만 명에서 1965년 260만 명, 1970년 370만 명으로 증가했음을 보여준다. 이에 따라 전체 취업자 중 임금 노동자의 비율도 증가했고 임금 노동자의 비율은 1963년 전체 취업자의 31.5%, 1967년 35.2%, 1970년 38.8%로 증가했다. 서비스 산업의 상

표 16) 고용 형태에 따른 구분(1964 - 1971)

	전일 노동자	부분 노동자	일용직
1964	38.7	24.9	36.4
1965	41.7	25.9	32.4
1966	45.1	22.2	32.7
1967	48.9	20.0	31.0
1968	52.2	17.3	30.5
1969	56.7	14.6	28.7
1970	59.1	13.7	27.2
1971	58.7	14.9	26.7

출처: 경제기획부, 경제활동인구연감 1973

태를 살펴보면, 그 변화도 알 수 있다.

직업별 서비스, 임시 근로, 단순 근로의 변화는 1963년에는 직업 서비스가 38.7%, 임시 근로가 24.9%, 단순 근로가 36.4%였다. 반면, 1970년에는 직업 서비스가 59.1%, 임시 근로가 13.7%, 단순 근로가 27.2%로 변화했는데 이 변화는 직업 서비스의 비율이 상대적으로 증가하고, 임시 근로와 단순 근로의 비율이 감소했다는 것을 의미한다. 그러나 작업장에서 노동자의 상태가 개선되기는 어려웠는데, 그 이유는 임시 근로와 단순 근로의 비율이 40% 이상을 차지했기 때문이며, 이로 인해 임시 근로와 단순 근로의 고용 상태는 불안정했다.

4) 불완전 고용

불완전 고용을 측정하기 위해서는 일반적으로 소득, 근로 시간, 직업 변경 희망, 계절 근로자의 변화를 고려한다.

- 실업률과 실제 실업률

이 통계 결과에서 알 수 있는 것은, 실제 실업률이 정부에서 발표한 것보다 두 배 더 높다는 것이다. 그 이유는 실제 실업률을 계산할

표 17) 실업률 1963 - 1971

	전체		농업부문		비농업부문	
	실업자	실업률	실업자	실업률	실업자	실업률
1963	681	8.2	146	2.9	535	16.4
1964	650	7.7	179	3.5	471	14.4
1965	653	7.4	162	3.1	491	13.5
1966	648	7.1	163	3.1	485	12.8
1967	578	6.2	122	2.3	456	11.1
1968	492	5.1	99	1.9	393	9.0
1969	474	4.8	114	2.2	360	7.8
1970	454	4.5	82	1.6	372	7.4
1971	476	4.5	75	1.5	401	7.4

출처: 경제기획부, 경제활동인구연감 1977

때, 주당 18시간 미만 근로자도 포함해야 하기 때문이다.

임시 고용은 주당 18시간 근로 시간으로 정의되었다. 1963년에서 1972년 사이의 임시 고용과 실업자를 비교한 통계 결과는 다음과 같다.

1963년 실업률은 8.2%였고, 같은 해 주당 18시간 미만 근로자의 비율은 8.0%였다.

1968년 실업률은 5.1%였고, 같은 해 주당 18시간 미만 근로자의 비율은 5.2%였다.

1971년 실업률은 4.5%였고, 같은 해 주당 18시간 미만 근로자의 비율은 5.0%였다.

표18) 불완전고용 1963 - 1971

년도	실업자(천명)	주당 18시간 이하 노동자
1963	681 (8.2)	667 (8.0)
1964	650 (7.7)	725 (8.6)
1965	653 (7.4)	645 (7.3)
1966	648 (7.1)	740 (8.2)
1967	578 (6.2)	617 (6.5)
1968	492 (5.1)	497 (5.2)
1969	474 (4.8)	321 (3.2)
1970	454 (4.5)	483 (4.7)
1971	476 (4.5)	490 (4.6)

출처: 경제기획부, 경제활동인구연감 1977

1964년 주당 평균 근로 시간은 64시간이었지만, 1968년에는 주당 49.2시간으로, 1972년에는 주당 50.7시간으로 점차 길어졌다. 또한 취업자 비율의 변화는 계절에 따라 달랐다. 매년 100명당 취업자 수를 계절 지수로 본다면, 1964년 6월에는 이 계절 지수가 120.3, 12월에는 78.3이었다. 이는 계절 지수의 변화폭이 42.0%였다는 것을 의미한다. 1967년의 계절 지수 변화폭은 34.2%, 1970년에는 27.4%였다.

표 19) 계절 노동자 1964 - 1971(연평균 = 100)

	3월	6월	9월	12월	격차
1964	92.3	120.3	109.1	78.3	42.0
1967	92.2	116.2	109.5	82.0	34.2
1970	92.3	112.8	109.5	85.4	27.4
1973	93.3	113.4	107.9	85.4	28.0

출처: 경제기획부, 경제활동인구연감 1977

4. 노동자의 생활 상황[108]

1) 임금 변화

1960년대 경제 개발 계획에 따라 경제 발전의 요인은 다양했지만, 그 중 가장 중요한 요인은 저렴하고 풍부한 노동력이었다.[109] 비록 경제가 크게 발전했음에도 불구하고, 노동자들은 여전히 저임금 구조

---

[108] 생활 상태(Lebenslage)라는 개념은 게르하르트 바이서(Gerhard Weisser)에 의해 만들어졌습니다. 생활 상태는 사람들과 사람 그룹 또는 범주가 서로 그리고 사회 전체에서 어떤 위치에 있는지를 결정짓는 사회적, 경제적, 정치적, 법적 특성들의 통합체입니다. 이 상태는 언제나 그 시점에서 사람들의 위치를 정의합니다., In; HDSW, Bd.9, pp.396-412.

[109] Menzel, Ulich. 1985: 따라서 한국의 국제적인 비교 우위와 그로 인한 세계 시장에서의 기회는, 결국 결정적인 요소인 단위 노동 비용이 가능한 수입국이나 경쟁 공급국들의 비용보다 현저히 낮아서 운송비, 세금 등도 충분히 보상할 수 있는 산업 분야에 있었습니다. In; In der nachholende Europas, München. 따라서 여러 공식적인 설명에서 나타나는 전략적 결론은 다음과 같아야 했습니다: 기존의 단독적인 수입 대체 정책을 포기하고 수출 산업화로 전환; 단위 노동 비용이 특히 낮은 가공 산업 분야에 집중; 필요한 원자재, 중간재, 기계의 수입; 국내 자본 축적이 부족할 경우 자본 수입을 통한 투자 자금 조달; 수입 억제에서 수출 촉진으로 경제 정책의 방향 전환.

속에 있었기 때문에 열악한 생활 조건에 시달렸다.[110]

표20) 임금 변화 1962- 1975

	노동생산성1970=100		명목임금1975=100		실질임금		소비자물가	
	Index	Rate	Index	Rate	Index	Rate	Index	Rate
1962	37.3	3.6						
1963	39.5	5.9						
1964	42.9	8.6						
1965	49.7	15.9						
1966	51.8	4.2					30.7	
1967	60.9	17.6					33.9	10.4
1968	71.7	17.7	23.5		62.5		37.6	10.5
1969	88.4	23.3	19.0	23.4	68.6	10.0	42.3	12.5
1970	100.0	13.1	37.6	30.0	76.6	11.7	49.1	16.1
1971	108.9	8.9	43.6	16.0	78.3	2.2	55.7	13.4
1972	117.5	7.6	49.5	13.5	79.6	1.7	62.2	11.7
1973	127.3	8.3	58.1	17.4	90.5	13.7	64.2	3.2
1974	140.0	10.0	78.8	35.5	98.7	9.1	79.8	24.2
1975	155.2	10.9	100.0	26.9	100.0	1.3	100.0	25.3

출처: 경제기획부, 경제활동인구연감 1978

광업 및 제조업에서 노동자의 명목 임금은 첫 번째와 두 번째 경제 개발기간 동안 매년 평균 22.9% 상승했다.[111] 그러나 이 소득 증가는 대부분 효과가 없었다. 그 이유는 상품 가격이 상승했기 때문인데, 이 기간 소비자물가는 12.3% 상승했고 따라서 실질임금의 증가는

---

110) 참조. Fröbel,F/Heinrichs,J/Kreye,O. The new international division of labour., In; Social Science Information., Vol.17. 1, 1978., pp.126-127.

111) 참조. Olson Mancur는 소득 증가와 정치적 불만 사이에 긍정적인 상관관계가 존재한다는 주장을 제기했습니다. 이는 경제 성장으로 인해 사람들에게 추가적인 개선 가능성이 인식되며, 이로 인해 불만이 증가하기 때문입니다. 빠른 성장이 오히려 불안정화의 힘이 될 수 있다는 것입니다. 따라서 급격한 경제 성장이 있음에도 불구하고 일반적인 생활 여건이 악화될 가능성도 충분히 존재합니다., In; Journal of Economic History 23. 1963, p. 540 - 548

매년 평균 7.8%에 불과했다. 또한 이 기간 광업과 제조업에서 노동생산성은 꽤 증가했으며, 매년 평균 11.7% 증가했다.[112] 반면 실질임금의 증가는 노동생산성의 증가를 따라가지 못했다.[113]

전체 국민소득에서 노동 임금이 차지하는 비율을 보면 변화가 나타나는데, 노동 임금이 차지하는 비율은 1963년 31.2%에서 1971년 39%로 증가했다. 그러나 같은 기간 동안 노동자 수가 두 배로 증가했기 때문에 노동자의 실질임금은 감소했다고 볼 수 있다.[114]

---

112) Myrdal, G.:저개발 국가의 보수적이고 특권층에 속한 사람들은 당연히 가속화된 발전을 위해 급진적으로 변경해야 할 행동 양식과 제도에 대해 가능한 한 적게 듣기를 원하고, 빈곤층의 생활 수준 상승이 가져올 생산성 효과에 대해서도 듣기를 원하지 않습니다. 하지만 저개발 국가의 경제학자들, 그리고 그들보다 더 나아가 '지식인'들이 서구식 방법을 지지하는 더 깊은 이유가 있습니다. p.16.
113)사실, 전자기술 경제에서 미래를 탐색하고 지배할 수 있는 가능성의 영역으로 이해하는 개념은 가장 낯선 것입니다. 근대의 변혁은 전통적인 사회적 조건과 제약의 상실을 의미합니다.
1. 원시 축적에서 무산 계층의 프롤레타리아화
2. 전통적인 세계관의 해체, 세계의 마법이 풀리는 과정
한편, 실용적인 행동과 이론적인 사고 모두 새로운 기초에 토대를 두도록 요구되었습니다. Jenseits der sozialen Frage, p.11.
114) 표21) 임금 비율1965, 1970

		1965	1970
임금 비중	전체 산업 임금	33.0	41.0
	노동자 비율	32.1	38.8
	임금 비율	102.8	105.7
개별 임금 비율	전체 영역	0.3439	0.3322
	하위 50%의 임금 비율	19.3	19.6
	상위 50%의 임금 비율	41.8	41.6
	농업 영역의 지니계수	0.2852	0.2945
	최하위층	22.6	21.2
	최상위층	38.0	38.6
	비농업 영역의 지니계수	0.4167	0.3455
	최하위층	14.1	18.9
	최상위층	47.0	43.0

출처: 한국은행 소득 통계, Suh, Sang-Mok.: Impact of Adjustment and Stabilization Poilicies on Social Welfare, Seoul 1985, p. 27

2) 근로 시간의 변화

산업화 초기에는 노동 시간이 매우 길었다. 산업화가 진행되었음에도 불구하고 노동 시간은 단축되지 않고 오히려 더 길어졌다.[115]

표22) 산업별 주당 노동 시간 1964 - 1971

	전체 산업	농수산업	비농수산업	공산 노동	서비스업
1964	46.0	40.0	55.0	54.9	56.0
1965	48.0	41.0	57.0	56.9	57.6
1966	47.7	40.8	57.2	57.2	57.2
1967	48.3	41.4	56.8	56.1	57.9
1968	49.2	40.9	58.5	55.8	58.3
1969	50.3	43.7	57.2	56.0	55.6
1970	48.3	40.7	56.1	53.6	57.1
1971	49.5	41.3	56.7	54.1	58.2

출처: 경제기획부, 경제활동인구연감 1977

- 근로시간의 규제와 현실

1953년에 제정된 근로기준법에 따르면, 하루 근로시간은 8시간, 주간 근로 시간은 48시간 이하로 제한되었다. 그러나 실제로는 근로시간이 지켜지지 않았다. 1964년 전체 산업에서 평균 주간 근로 시간은 46시간이었으며, 이 평균 근로 시간은 매년 늘어나 1971년에는 주당 49.5시간에 달했다.[116] 하지만 근로 시간은 기업마다 달라서 실제로 규정된 근로 시간은 없었고, 노동자들은 즉각적이거나 간접적

---

115) 참조. Fröbel,F/Heinrichs,J/Kreye,O., a.a.O., S. 127
116) 표23) 주당 노동 시간의 국제 비교

	USA	Australien	Österreich	Belgien	Kanada	Frankreich	Deutschland	Japan
노동시간/주	39.9	39.5	37.1	39.7	39.7	44.5	43.0	42.6

출처: Minister of Labour. Yearbook of Labous Statistic., 1977

으로 일을 마칠 때까지, 그리고 자신의 신체적 힘이 허락하는 한 계속해서 일해야 했다.

3) 산업재해의 증가

1960년대 산업화 과정에서 기술 혁신과 생산 시설의 현대화에 따라 새로운 작업 방식과 다양한 기계들이 도입되었음에도 불구하고, 기술 혁신과 생산 시설의 현대화가 이루어졌음에도 불구하고, 작업 안전, 보호 장치 및 예방 조치가 제대로 이행되지 않아 산업 재해는 날로 증가하였다. 1964년 7월 1일부터 시행된 산업재해 보험 이후 발생한 산업 재해를 보면, 산업 재해 보험이 적용된 작업 환경의 변화를 알 수 있다.

표24) 작업장 사고 발생률 (1964 - 1971)

	작업장 갯수	노동자 수	사고발생 건수	산재로 인한 중증 및 사망 사고건수				산재 비율
				전치	사망사고	장애발생	상해	
1964	64	81,798	–	1,489	33	13	1,443	1.8
1965	289	161,150	–	9,470	144	155	9,171	5.9
1966	594	222,456	–	13,024	295	448	12,281	5.9
1967	1,142	336,159	–	18,207	319	504	17,384	5.4
1968	2,389	488,628	–	22,959	370	727	21,862	4.7
1969	3,696	683,377	–	32,229	524	918	30,787	5.0
1970	5,583	779,053	35,389	37,752	639	1,198	35,915	4.9
1971	7,799	833,441	43,090	44,545	693	1,146	42,706	5.4

출처: 노동부, 노동연감. 1977

- 산업재해 보험 적용 작업장의 증가와 사고 통계

산업재해 보험이 적용된 작업장의 수는 1964년 64곳에서 1971년에는 7,799곳으로 증가했다. 이에 따라 보험이 적용된 노동자의 수는 1964년 81,798명에서 1971년 833,441명으로 늘어났고, 이로 인해 산업재해 사고가 증가했으며, 산업재해로 인한 사망자 수는 1964년 33명에서 1971년 693명으로 증가했다. 또한, 신체적 부상을 입은 사람의 수는 1964년 13명에서 1971년 1,146명으로 증가했다.

- 산업별 사고 발생 현황

산업별로 사고 발생 상황을 보면, 전체 사고의 62.6%가 제조업에서 발생했고, 건설업에서는 전체 사고의 19.8%, 운송업에서는 11.4%가 발생했으며, 광업 및 제조업에서는 5.3%가 발생했다. 그 외 다른 산업에서는 전체 사고의 0.7%가 발생했다.

위에서 언급한 바와 같이, 산업화 과정에서 노동자 계층의 상황은 매우 열악했다. 이는 낮은 임금, 낮은 노동력 비율, 긴 근로 시간, 그리고 높은 산업재해 위험이 그 원인이었다.

4) 노동자의 열악한 생활 상황의 원인

(1) 정치적 원인

국내 자본이 부족하고 자원이 빈약한 상황에서도, 풍부한 숙련된 노동력 덕분에 수출 산업이 성장하여 경제 성장을 위한 자본 투자가 이루어졌다.[117] 수출 산업에 대한 정부의 지원(세금 및 금융 특혜)과 낮은 임금 정책[118]을 통해 국제 경쟁력이 확보되었는데, 즉, 낮은 임금으로 인해 기업들이 얻은 높은 이익은 수출을 위한 자본 축적에 사용되었다. 이 정책은 기업들의 국제 경쟁력을 강화하고, 상품 가격 상승을 억제하는 결과를 가져왔으며, 결국, 이러한 정책은 자본 축적을 가속화하는 데 적용되었다.

---

117) 참조. Lal, Deepak/ Myint, H.1998:The Political Economy of Poverty, Equity and Growth., p. 282

118) 참조. Brown, Gilbert.1973: 한국의 성장 전략의 수출 지향성은 과잉 생산 요소인 노동력을 활용하고, 부족한 자본의 사용을 절약하는 방향으로 촉진되었습니다. In; Korewan Pricing Policies and Economic Development in 1960s, p. 162.

(2) 노동 시장

열악한 노동 조건의 또 다른 원인은 노동력의 과잉 공급이었다. 산업화가 진행되면서 농촌의 과잉 인구가 도시로 유입되었고, 이로 인해 숙련되지 않은 노동자들이 늘어나면서 노동력이 과잉 공급되었다.[119]

(3) 생계

낮은 임금으로 인해 노동자들은 열악한 근로 조건 속에서 생활해야 했다. 비록 근로 조건이 나빴지만, 노동자들은 생계를 유지하기 위해 오랜 시간 동안 일할 수밖에 없었다.

(4) 시스템의 문제: 노동운동에 대한 통제

세 가지 노동 권리 중에서 노동자에게 인정된 권리는 연대권 뿐이었다. 협상권과 행동권은 노동청에 중재를 신청해야만 했으며, 노동청의 결정에 따라 이 두 가지 권리가 실행되었기 때문에 노동운동을 통한 임금 인상은 어려웠다.

---

119) 참조 Lewis A.1965: 경험을 통해 입증된 것으로 여겨졌던 것은 후진 지역의 사람들은 유럽인들과는 다르게 반응한다는 것이었습니다. 그들은 단순히 자신의 소득과 생활 수준을 향상시킬 기회를 활용하지 않았습니다. 그들의 무기력, 실패, 임금 노동에 대한 거부감은 그들의 필요 부족, 매우 좁은 경제적 시야, 단지 생존을 위한 사고방식, 자급자족, 걱정 없고 한가로운 삶에 대한 선호를 나타내는 것으로 간주되었습니다., Theory of Economic Growth, London, p.24.

IV. 사회 정책 시스템

A. 복지국가[120]의 형성

1. 군사 정부의 정당성 확보 수단으로서의 사회 정책

군사 정부는 권력을 장악하기 위해 내부적으로 노력했고, 국가 차원에서는 농민과 어민의 부채 탕감, 사회의 불순분자 정리, 부패 척결 등의 개혁을 추진했지만 사회 정책에는 관심을 보이지 않았다. 1962년에 이르러서야 군사 정부는 사회 정책[121]에 관심을 표명하게 되는데[122] 1962년 1월 5일 박정희는 시정연설에서 의료 정책의 평등한 분배와 사회 정책의 기반을 부조와 보험으로 설정[123]하여 국민 생활 수준 향상과 복지사회의 건설에 기여하도록 하겠다고 발표하였다.[124] 이것이 사회 정책에 대한 최초의 언급이었다. 위에서 언급한 박

---

120) 오늘날의 복지국가 개념은 영국에서 유래되었으며, 이는 1940년대 초 전쟁 연합 하에서 설계되었고, 1945년부터 시작된 노동당 정부 하에서 추진되었으며 부분적으로 실현된 사회 정책을 나타냅니다.

121) McDonald, Donald. S.1996:한국 전통에서는 국가가 사회복지보다는 사회규제에 책임이 있으며, 사회 복지는 가족과 공동체의 책임으로 여겨졌습니다. (이것은 19세기 중반까지 서구를 포함한 모든 정부에서 전통적으로 적용되었던 사항임을 종종 잊혀지곤 합니다. 유럽에서는 종교적 및 민간 기관의 자선 활동이 더 일반적이었을 수 있습니다.) 현대적 사회 복지 프로그램은 한국에서 기독교 선교사들에 의해 시작되었습니다. 일본 식민지 시대에는 상대적으로 한국인들을 위한 일이 적게 이루어졌지만, 국영 병원과 같은 기관들이 설립되긴 했습니다. 그러나 서구의 사회복지 아이디어가 확산되면서 1945년 이후 정치적 권력을 추구하는 모든 단체들의 정치 플랫폼에 그것이 포함되도록 영감을 주었습니다. The Koreans, S. 103 West View press, Oxford.

122) Cutright, Phillips. 1965: Political Structure, economic development, and social security

정희의 사회 정책에 대한 발언은 곧바로 국가재건최고회의에 반영되었고[125] 국가재건최고회의는 '정치 지침의 제12항'에서[126] 의료 정책의 평등한 분배와 사회 정책의 기초를 부조와 보험으로 세워 국민의 생활 수준을 향상시키고, 복지사회를 구축해야 한다고 밝혔다.[127]

123) 표 25) 사회보험의 국제 비교 1934-1960.

Nation	Years	Nation	Years	Nation	Year	Nation	Year
Argentina	75	Hungary	104	Austria	121	Indonesia	26
Australia	118	Nepal	0	Belgium	135	Japan	88
Cuba	81	Spain	131	Canada	106	Panama	67
Greece	100	Sweden	122	China	37	USA	95
Great Britain	124	Vietnam	31	Germany	115	Korea	0

출처: American Journal of Sociology. Nr. 70, 1964/65, p. 549.

124) Kaufmann, F.X. 사회국가의 역할을 정의하기 위해 사회 정책 개입의 효과적 조건에 따른 네 가지 유형을 구분하고 설명합니다: 1. 법적 개입: 개인의 법적 지위 개선을 위한 개입 (예: 노동법 등). 2. 경제적 개입: 개인의 소득 상황 개선을 위한 개입. 3. 생태적 개입: 개인의 물리적 및 사회적 환경 개선을 위한 개입 (예: 인프라, 교통시설, 병원 서비스 등). 4. 교육적 개입: 개인의 행동 능력 향상을 위한 교육적, 상담적, 정보 제공적 노력이 포함된 개입. 이러한 네 가지 유형은 사회 정책 개입의 다양한 측면을 다루며, 각기 다른 방식으로 사람들의 삶의 질을 향상시키려는 노력에 기여합니다. In; Staatliche Sozial-politik und Familie., 1983, pp.49-86.

125) Chatterjee, Pranab.1996:혁명적인 엘리트가 한 나라를 산업화할 때, 그들의 이데올로기는 사회 복지의 성격을 예측하는 요소가 됩니다. 따라서 볼셰비키 러시아나 카스트로의 쿠바와 같은 경우에서, 혁명가들의 사회주의 이데올로기는 해당 국가들의 사회 복지 시스템의 성격에 영향을 미쳤습니다. 민족주의 지도자들이 한 나라를 산업화할 때, 종종 독립을 위해 싸운 이 지도자들의 이데올로기가 사회 정책의 성격에 영향을 미칩니다. 이 이데올로기는 종종 집단주의적 이데올로기이며, 때때로 강한 사회주의적 성향을 띠기도 합니다. 이러한 경우, 개인적인 직접적인 서비스보다는 지역 사회 조직과 지역 사회 개발 노력들이 우세하게 나타납니다.p.118.

126) Geschichte der koreanische Militär Revolution, Vol. 1 (1963), SS.391-408, Seoul

127) 참조. Mit Nordkorea. 개인의 필요에 대한 국가의 책임이 판단의 기준이라면, 북한은 사회 복지 측면에서 남한보다 훨씬 앞서 있다고 볼 수 있다.외국인의 제한적인 관찰에 따르면, 북한에는 극심한 빈곤이 존재하지 않는 것으로 보입니다. 비록 북한의 임금과 생활 수준이 남한보다 상당히 낮다고 여겨지지만, 북한에는 보편적인 건강 관리 시스템, 보조금이 지원되는 주택, 식량 배급 시스템, 그리고 노동자 휴양지 시스템이 있다.국가는 모든 사람에게 일자리를 제공한다고 주장하지만, 이는 근로자가 원하는 직종에서 일하는 것이 아니며, 고령자를 위한 지원도 제공한다고 합니다. 9학년까지의 교육은 보편적이며, 무료이고 의무적입니다. 이러한 프로그램들이 실제로 대중의 기대를 충족시키는지, 그리고 그것들이 실제로 정권의 주장대로 수행되는지 여부는 알 수 없습니다. In; The Koreans, p.104.

1962년 7월 28일 박정희가 국가재건최고회의에서[128] 각료들에게 전달한 '사회 정책 시스템에 대한 방침'은 다음과 같다.[129]

1. 국민 소득을 증대시키고 국민을 실업, 질병, 노령 등으로부터 보호하여 한국이 신속히 복지국가[130]를 건설하는 것을 목표로 한다.

2. 생존보호법은 이미 공포되었고, 이에 따른 부조도 실행되었지만, 국민·기업·정부가 공동으로 참여하는 지속적인 사회 정책과 경제 개발 계획이 병행되어야 국민 생활을 안정시킬 수 있다.[131]

3. 주요 사회 시스템 중 하나인 사회보험 중에서 상대적으로 실행이 쉬운 사회보험을 선택해 실시를 시작해야 하며, 이 시험을 통해 한국에 적합한 사회보험이 무엇인지 선택하고 결정해야 한다.

이러한 정책 분위기는 박정희가 사회 정책에 큰 관심을 가졌고 복지사회를 실현하려고 노력했음을 보여주지만, 박정희의 사회 정책에 대한 관심은 공허한 약속에 불과했다. 그는 다음과 같은 조건들을 제시했는데,

첫째, 박정희 의장은 사회 정책 도입의 효과를 단기간에 판단하는

---

128) Seidel, Bruno.1956:인간적 또는 사회적 측면 외에도, 사회 정책은 기존의 질서 또는 각자의 권력 관계를 유지하려는 권력자들의 관심 때문에 필요했습니다. 그러나 당시에는 사회 정책적 조치를 취해야 할 강제가 없었습니다. 이는 사회적 불만이 표출되거나 암시되는 방식에서 분명히 드러납니다.

129) 참조. 한스 자허(Hans Zacher)는 사회국가의 네 가지 중심 목표를 구분합니다:
  1. 빈곤과 궁핍에 대한 지원과 모든 사람에게 인간다운 최소한의 생활 보장
  2. 부의 차이를 줄이고 의존 관계를 통제하여 더 많은 평등을 실현
  3. 삶의 변화에 대한 더 큰 안전망 제공
  4. 번영의 증대와 확산 In: Der Sozialstaat Entstehung und Entwicklung im internationalen Vergleich von Ritter, Gerhard., p.17.

130) 복지국가 개념의 확산은 국가의 사회적 역할에 대한 새로운 강조와 일치합니다.

131) Wilensky,H.1958: 윌렌스키(Wilensky)는 사회 정책을 두 가지 유형으로 나눕니다: 잉여(residual) 유형과 제도적(institutionell) 유형입니다. 잉여 유형에서는 사회 정책이 가족이나 시장 시스템으로부터 지원을 받을 수 없는 경우에만 적용된다고 가정합니다. 반면, 제도적 유형에서는 사회 정책이 산업 사회에서 재난에 대한 첫 번째 방어선으로 기능한다고 믿습니다.

것은 불가능하다고 했다.[132] 따라서 급하고 피상적인 방식이나 빠른 개혁으로 인해 발생할 수 있는 부작용을 방지하기 위해 사회 정책을 천천히 시행하겠다고 하였다.

둘째, 박정희는 사회 정책을 확대하겠다고 하면서도 언제, 어떤 사회 정책을 실행할 것인지에 대해서는 구체적으로 언급하지 않았다. 1962년 군사정권이 실행한 유일한 사회 정책은 군복무를 하지 않은 의사들을 의료 사각지대인 농촌에 배치한 것이었다. 한국의 농촌지역에는 의료 공공시설이 존재하지 않거나 극히 미비한 수준이었으며,[133] 그 이유는 의료 인력과 보조 인력이 부족하고, 의료 인력이 도시로 편중되어 있으며, 병원, 진료소, 약국 등이 농촌에 거의 없고, 정부가 이에 필요한 투자를 하려는 의지가 부족했기 때문이다.[134]

앞서 서술한 바와 같이 사회 정책을 시행하기 위한 여건은 좋지 않았고, 따라서 국가재건최고회의는 교육사회부 소속 '사회 정책 자문위원회'를 조직했지만, 이 자문위원회에는 그에 걸맞은 업무나 역할이 주어지지 않았다. 다만 이후 이 자문위원회는 법적 연구기관 중 하나로 발전하였으며, 이 시점부터 사회 정책에 대한 연구는 정부 주

---

132) 참조. Fall der Japan in Meiji - Zeit 'Reiches Land - Starke Armee' In; Hofmeister, W/Thesing, J(Hrsg.).p.43.
133) 참조. Mit England. 영국에서는 의사가 명백한 질병에 대해 보수를 받는 것이 아니라, 자신에게 등록한 보험 가입자 한 명당 연간 고정 급여를 받습니다. 이 보험 가입자는 의사가 무료로 치료해야 하며, 보험 가입자가 그에게 방문할 때마다 치료를 제공해야 합니다. Preller, L, p.358.
134) 표 26) 의사 수와 병원 수 변화

	1960	1965	1967
병원 수	150	206	222
의사 수	7,765	10,854	12,269
의사 1인/인구	3,226	2,647	2,456
치과의사1인/인구	18,297	16,306	16,347

출처:Statisches Bundesamt, Länderkurzbericht Südkorea 1970. Zit nach Die Entwicklungs-schwelle., p.233.

도로 공식적이고 체계적으로 이루어지게 되었다.[135] 1963년에 이르러서야 군사 정부의 사회 정책에 대한 소극적 태도는 변화하게 된다. 이 변화는 1963년 시정연설에서 박정희 의장의 발언을 통해 확인할 수 있다. 연설 내용은 다음과 같다.[136]

"이전 정권에서는 복지국가의 건설이 단지 말뿐이었다. 하지만 현 정권은 강한 실행력으로 복지국가 건설을 추진하고 있다. 이것은 현 정부의 중요한 원칙 중 하나이다. 따라서 정부는 국민에게 건강, 노동, 부조 행정과 산재보험을 강력한 의지를 갖고 추진할 것을 약속한다.[137] 빈민에 대한 적극적인 부조 정책이 추진되고 있으며, 실업자 구제를 위한 건설사업이[138] 활성화되

---

135) 개발도상국의 건강 부문에 대한 지출은 그 절대 금액뿐만 아니라 공공 부문 총지출에서 차지하는 비율도 산업 국가들보다 훨씬 낮습니다. 해당 국가들의 국가 예산에서 차지하는 비율은 산업 국가들에서 두 배에서 네 배 정도 높습니다.
136) 참조. Die berühmten „ Kaiserlichen Botschaft, vom 17. Nov.1881.
사회적 피해의 치유는 사회민주주의적 폭력을 억압하는 방식에만 의존하지 않고, 노동자들의 복지를 긍정적으로 증진시키는 방식으로도 찾아야 한다. zit nach Vaubel,R (1989), p. 41.
137) Kaufmann, F.X. 1988: 오늘날 복지국가는 "민주적 국가 형태와 민간 자본주의 경제 형태가 결합된 사회적 조직의 특정한 형태로, 중앙 정부가 규제하는 사회 부문이 확립되어 있으며, 모든 사람이 법적으로 정의된 필요 기준에 따라 국가가 보장하는 혜택을 받을 수 있는 권리가 있다"고 나타납니다. 이렇게 표현된 복지국가는 정치적으로 조직된 사회화의 특정한 형태로 보이며, 이는 모든 사람들이 사회적으로 중요하다고 여겨지는 기능적 분야인 가족, 교육, 노동, 건강 관리, 사회 보장, 문화 등에서 모든 사람에게 참여 기회를 보장하는 국가의 기본 원칙에 근거합니다."(Christentum und Wohlfahrtsstaat, in: Zeitschrift für Sozialreform 34, 1988,p.69).
138) 사회 정책은 경제적 질서와 관계없이 경제 발전의 집중적인 단계에 들어서면서 강하게 나타납니다. 이 단계는 노동시장에서 공급 부족 또는 노동력의 고갈로 특징지어집니다. 노동력의 부족은 노동 수요의 증가와 인구 증가 속도의 둔화에서 비롯되며, 이는 추가적인 경제 성장을 위해서는 노동 생산성의 향상이 필요함을 의미합니다. 이는 다시 말해 노동 생산성을 높이기 위한 집중적인 합리화 노력이 필요하다는 것을 의미하며, 이에 따라 노동 생산성을 향상시키기 위한 사회 정책도 포함됩니다. 참조. Böttcher, E., Phasentheorie der wirtschaftlichen Entwicklung., S.90.

고 있다."139)

이 연설에서 사회 정책에 대한 몇 가지 특징을 발견할 수 있다.

첫째, '강력한', '적극적인', '활성화'와 같은 장식적인 표현이 많이 등장하여 박정희의 의지를 강조하고 있다. 이러한 표현은 1962년 연설에서는 등장하지 않았다.

둘째, 1962년 연설에서는 구체적인 사회 정책 시스템이 언급되지 않고 단지 막연한 계획만 제시되었지만, 1963년 연설에서는 건강보험과 재해보험이 구체적으로 계획되었다고 명시되어 있다. 여기서 사회보험의 구체적인 시스템들이 언급되었음을 분명히 알 수 있다.

이러한 군사정권의 사회 정책에 대한 태도 변화는 시정연설뿐만 아니라 언론 보도에서도 나타난다.140) "우리나라에서 처음으로 실시되는 사회보험제도"라는 제목으로, 산업재해보험과 건강보험이 7월부터 시행된다고 보도하였다. 이 기사에서는 영국, 독일, 프랑스, 스웨덴의 사회 정책도 소개하고 있으며, 해당 내용은 신문 한 면 전체를 차지할 정도였다. 그러나 실제로는 당시 한국 사회는 사회 정책이 본격적으로 태동하기에 아직 준비가 되지 않은 상태였다. 그 이유는

(1) 산업 구조와 산업별 취업자 구조가 보여주듯, 1960년대의 사회는 1차 산업이 중심이 된 사회였다. 1960년대의 사회보험은 질병, 실업, 산업재해와 같은 사회적 위험에 쉽게 노출된 계층을

---

139) 사회부조는 세금으로 마련된 자원을 통해 개개인의 어려움에 따라 도움이 필요한 사람들에게 지원을 제공하는 방식으로 특징지어집니다. 따라서 사회부조는 공공 자원의 한정된 예산을 가장 큰 사회적 필요가 있는 곳에 가장 효율적으로 투입할 수 있는 방법입니다. 그러나 대부분의 인구가 사실상 최저 생계비만을 버는 나라들에서 개인적인 어려움에 대응하는 예방 조치를 우선시하려는 시도는 논리적이지 않은 것처럼 보입니다. 사회부조의 특성상, 그 조치는 사회 보험이나 예방 조치와는 달리 '지역 결정 기관'이 있을 때만 실행될 수 있습니다.
140) 국가 기관지에서 1963년3월11일 서울신문

위한 보호 시스템이었다. 이를 고려하면, 1960년대에는 2차 산업이 산업 구조에서 20%를 차지하고, 전체 노동자 중 2차 산업 종사자가 10% 이하였던 상황을 이해할 수 있다. 따라서 2차 산업에 종사하는 노동자들은 자신들의 문제를 정치에 반영하기 어려웠다.

(2) 1960년대 노동자 비율을 보면 다음과 같다. 1960년에는 노동자 비율이 22.6%, 1963년에는 35.8%였다. 이처럼 낮은 노동자 비율 속에서는 사회 전체에 퍼져 있는 빈곤을 해소하기 어렵기 때문에 사회보험을 시행하는 것이 어려웠다.

(3) 노동조합 가입률은 전체 노동자의 20%에 불과했다. 이는 노동조합이 사회보험 시행에 영향을 미칠 수 없었다는 것을 의미한다.

이러한 사회 정책의 미성숙한 사회적 조건에도 불구하고 1963년에 있었던 선거에서는 변화된 모습을 볼 수 있다. 박정희 의장은 연설을 통해 4월 초와 5월 말에 대통령 및 국회의원 선거를 실시하고, 선거를 통해 정부를 8월 중순에 민간에게 이양하겠다고 밝혔다.

2. 1960년대 초 사회 정책의 기획

하지만 1963년 초 군사정권이 처한 사회·정치·경제적 상황은 매우 열악하여 선거에서 승리해 권력을 유지하기 어려운 상황이었다. 그럼에도 불구하고 군사정권은 선거에서 이기기 위해 모든 수단을 동원해야 했는데, 사회 정책 도입에 대한 선거 공약은 이러한 동원 수단 중 하나였다. 하지만 이 선거 공약을 공허한 약속이라고 생각하는데, 그 이유는

첫째, 군사정권은 사회 정책에 대한 이해도 없고, 실행 의지도 없는 상태에서 국가 기관지를 통해 산업재해보험과 건강보험이 7월에

시행된다고 발표했다. 준비도 전혀 되어 있지 않은 상황이었다.

둘째, 국가 기관지는 2월에 산업재해보험과 건강보험이 최고회의에서 논의되었다고 보도했지만, 실제로 이러한 보험과 관련한 실질적 논의는 1963년 말 법안 제출 이후에야 이루어졌다.

셋째, 군사정권은 농민에 대해서는 보험금의 80%, 공무원은 50%, 노동자는 1/3을 정부가 부담하겠다고 발표했다. 하지만 당시 1차 산업 종사자가 전체 노동자의 63.1%에 이르렀고, 이런 상황에서는 농민의 보험료 80%를 국가가 부담할 수 있는 재정이 충분하지 않았다.

넷째, 군사정권은 산업재해보험과 건강보험을 3월 말까지 통과시키고, 5월 초부터 시험적으로 시행하겠다고 했지만, 실제로는 두 달 안에 이를 실행하는 것이 불가능했다.[141]

이러한 보험 시행을 위한 준비는 박정희 의장이 1963년 7월 28일 내각에 '사회 정책 시스템의 확정에 관한 지시'를 내린 이후에야 본격적으로 이루어졌다. 이 지시 이후부터 사회보험, 산업재해보상보험, 건강보험에 관한 법률 제정을 위한 준비가 활발히 이루어졌다.[142] 이 법률 제정은 사회보험 자문위원회 위원이었던 남윤후에 의해 추진되었다. 사회 정책적 관점은 정치인, 학자, 관료들 사이에서가 아

---

141) Colm, Gerhard.1969: 비록 다원주의 사회에서는 최고 가치들(종교, 국가 철학, 개인의 철학적 관점 등)에 대한 통일된 견해는 존재하지 않지만, 보건의료, 교육, 생활 수준, 사회 발전, 국가 방위와 같은 근본적인 목표들에 대해서는 광범위한 합의가 존재합니다. 민주주의는 단지 운영 원칙들에 대한 합의뿐만 아니라 바람직한 근본적이고 구체적인 최종 목표들에 대한 일정 수준의 합의 없이는 제대로 작동할 수 없습니다. Analyse nationaler Ziele, In; Finanztheorie, Recktenwald, H.C.(Hrsg), Köln/Berlin

142) 산업화의 초기 단계에서는 규모가 작더라도 노동자의 사회적 안전을 위해 건강 보험과 연금 보험의 적용이 필요합니다. 반면, 아시아 국가들 인구의 대다수를 차지하는 농민과 상인은 고용 관계가 현대화되어 있지 않아 사회 보험을 적용하는 것이 기술적으로 어렵습니다. 따라서 먼저 노동자를 중심 기반으로 하여 점차적으로 적용 대상을 확대해 나가는 방식이 필요합니다. United Nations, Economie Commission for Asia and the Far East: The Interrelationship between Economic and Social Development Plan, in: Economic Bulletin for Asia and the Far East, Vol. XIV, No. 2, 1963/64, p.35.

니라 보건사회부의 일부 전문가들 사이에서 형성되었다.[143] 남윤후는 일본의 재해보상보험법을[144] 한국의 산업재해보험의 모델로[145] 삼았고, 건강보험법은 일본의 국민건강보험 시스템을 혼합하여 모델로 삼았다.[146] 산업재해보험법안은 1963년 10월 8일 열린 제107차 최고자문위원회에서 논의되었고, 11월 5일 본회의를 통해 통과되어 법률로 제정되고 공포되었다.[147] 건강보험법안은 1963년 12월 16일 최고자문위원회에 제출되어 통과되었다.[148] 이는 기존의 노동규칙에 따라 사용자가 책임지던 산업재해 보상금이 산업재해보험이라는 형태로 전환된 것이고, 이 새로운 법률은 사용자에게 큰 부담을 주지 않았기 때문이다. 반면 건강보험은 기존에 유사한 제도가 없었기 때문에 사용자가 큰 부담을 느낄 수밖에 없었고, 적용 대상자도 많았기 때문에 사용자에게 부담을 주지 않기 위해[149] 건강보험은 의무보험이 아니라 자발적 보험으로 시행하게 된다.

---

143) Son, Jun‑Kyu. 1983: Einführung in die Theorie der sozialen Sicherheit und Sozialent‑wicklung., Seoul, p.90.
144) Hofmeister,W/Thesing, J.1999: 이미 메이지 시대에 일본의 사회 정책은 독일의 모델을 강하게 참고하였습니다. 이는 국가의 입법(비스마르크의 사회보험 제도), 기업 복지 제도(크루프사의 건강 및 연금 기금), 그리고 자원봉사 기반의 복지 활동(엘버펠더 시스템) 등에 해당됩니다. S.96.
145) Sin, Soo‑Sik, 1978: Theorie der Sozialversicherung., Seoul, p.390.
146) Coollier und Messick(1975) 사회 정책 시스템의 확산은 식민지 법률처럼 중요한 소통의 경로를 통해 전파될 수 있다는 의미이다. p.1306.
147) 산재 보상 제도의 정비는 개발도상국에서 가장 발전된 형태의 사회보장 제도 중 하나에 속한다.
148) 그러나 산업재해보험은 사회보험의 기본 원칙에 따라 의무보험으로 제정된 반면, 건강보험은 산업재해보험과는 달리 실행 과정에서 자발적 보험(임의보험)으로 변경되어 통과되었다. 최천송. p.222.
149) 독일에서는 산재보험을 제외한 사회보험 기여금이 소득에 따라 일정 비율로 부과되며, 예를 들어 건강보험의 경우 필요한 비용에 따라 동일한 방식으로 제공된다. 이로 인해 사회보험 공동체 내에서 저소득자에게 유리하게 사회적 재분배가 이루어지며, 이는 '두 번째 소득 재분배'를 형성하게 됩니다.

3. 1960년대 말 사회 정책의 후퇴

1960년대 말부터 사회 정책은 정체되거나 후퇴하기 시작한다. 반면 경제는 예상보다 빠르게 발전했는데, 이는 박정희 정부가 더 이상 정당성 확보를 위한 논쟁에 휘말릴 필요가 없어졌다는 것을 의미한다. 박정희 정부는 두 차례 대통령 선거에서 승리했고, 빠른 경제 성장을 이뤄냈기 때문이다. 그 결과, 박정희 정부가 사회 정책을 일시적으로 국민의 지지를 얻기 위해 사용했던 것에 불과했기 때문에, 사회 정책에 대한 논의는 뒷전으로 밀려났다. 경제 성장에 대한 국민의 신뢰는 매우 컸으며, 국민은 노동운동을 사회 혼란을 초래하는 요인으로 여기게 되었다. 이러한 경제 성장에 대한 신뢰는 노동운동의 억압으로 이어졌고. 게다가 1963년 이후 복지 예산이 줄어드는 기현상까지 나타나게 된다.[150] 1960년대 말에 시행된 사회 정책은 베트남에 파병된 군인들을 지원하기 위한 군사적 보조 활동이었다. 이 군사적 보조 활동은 1967년 파병 이후 시행되었고, 이 활동은 베트남 파병에 대한 전반적인 계획을 수립하고, 군인과 그 유족을 위한 지원을 제공하는 것이었다. 또한 1967년 4월에는 공무원 연금의 행정 기능

---

150) 표 27) 사회보험 대상자 (천명)

	1961	1963	1965	1967	1969	1970	1972
전체 국민 (A)	25,766	27,262	28,305	30,131	31,544	32,241	33,505
노동자 수 (B)		8,343	8,859	9,295	9,888	10,199	11,058
공무원 연금	237	271	305	358	392	415	449
군인연금		117	109	122	124	130	128
중간합계(C)	237	388	414	480	516	545	577
비율 (%)C/A	0.9	1.4	1.4	1.5	1.6	1.6	1.7
C/B		4.6	4.6	5.1	5.2	5.3	5.2
사회부조(D)	2,181		3,292	3,062	2,970	2,489	1,307
비율 (%)D/A	8.4		11.6	10.2	9.4	7.7	3.9

출처: 보건사회 연감, 1974 : 공무원연금 연감 1987

이 강화되었다.[151] 그리고 1968년 7월 23일에는 빈민 자활 임시조치법이 시행되어, 노동 능력이 있는 빈민을 대상으로 한 근로 지원이 시작되었다. 1970년 1월 1일에는 근로사업법이 제정되어, 사회복지시설의 행정과 운영이 강화되었다. 그리고 1970년 4월 7일에는 건강보험법이 개정되어 적용 대상 범위가 확대되었다. 이 개정 법률은 의무 가입자와 자발적 가입자를 구분하였지만, 그에 따른 후속 조치가 부족했기 때문에 실질적인 효과는 나타나지 않았다. 같은 날, 실업보험 업무는 보건사회부에서 노동청으로 이관되었으나, 이후 노동청에서 이 업무가 폐지됨으로써 실업보험은 실제로 시행되지 못했다.[152]

1) 사회 정책의 기본 방향[153]

군사정권이 수립하고 실행한 사회보험정책의 기본 방향은[154] 당시 교육사회 위원장이었던 손창규가 작성한 내용을 통해 분명하게 드

---

151) Thompson, K.1980; 법적인 기여금 준수 기준을 달성하고 유지하는 것은 많은 사회보장 기관에서 가장 심각한 행정적 문제를 일으킨다. 이는 '집행과 준수'라는 분야에서 중요한 도전 과제다. p.259.
152) 대부분의 사회보험은 초기 단계에서 자본축적 원칙(Capital accumulation principle)에 따라 설계되었다.
153) Ritter, Gerhard. 1989:사회국가의 개념은 국가와 지방 자치 단체의 생계 보장 및 노동 시장 관리, 자조 조직의 역할, 개인 노동 관계와 임금 교섭 당사자 간 관계를 규제하는 법률 제정 기능, 사회 서비스 제공의 정도, 생활 기회의 평등화 또는 소득 재분배와 같은 다양한 요소들의 중요성을 각국에서 드러내는 데 도움을 준다. 이러한 사회국가 요소들의 역할은 각 국가의 정치적, 사회적, 경제적 시스템의 특성을 규명하는 중요한 지표다. 또한, 사회적 서비스가 일부 인구 집단에 제한되는지 아니면 모든 국민에게 보편적인지를 구분하는 것이 중요하다.. S.18-19.
154) 1964년 4월 29일 사회조사위원회의 설명에 따르면, 독일 연방공화국에서 사회보장 법률은 다음과 같은 분야에 적용되어야 한다고 한다:
 1. 가족부담조정 (세금 및 기타 가족에 대한 혜택 포함) 2. 직업 교육 및 훈련을 위한 지원 3. 사회보험, 실업자 복지 및 실업 수당, 자영업자의 사회적 안전 보장 4. 전상자 복지 및 관련 지원 (병역손상, 수감자 및 전쟁포로 보상) 5. 부담조정 6. 사회부조 7. 임대주택 건설

러난다. 이는 국가 재건이 어떤 전제 조건 아래 이루어졌는지, 사회 정책이 무엇을 지향했는지를 보여주는 내용이다. 내용은 다음과 같다:

"한국처럼 절대적 빈곤, 대량 실업, 사회적 불안과 불만이 지배하는 나라에서는 체계적인 정책이 필요하며, 부조리와 부패는 척결되어야 하고, 강력한 사회 집단이 형성되어야 하며, 산업화를 통해 근대화를 추진해야 사회정의를 실현하고 국가를 재건할 수 있다.[155] 그러므로 사회보험정책의 목표는[156] 산업화와 대립되어서는 안되며,[157] 일정한 조건 하에 추진되어야 한다." [158]

위에서 언급한 것처럼, 사회 정책을 산업화를 위한 수단으로 바라보는 이러한 시각은 1960년대 후반까지 지속되었다.[159] 하지만 이러한 관점은 1960년대 후반보다 초기에 더 강하게 나타난다. 군사정권이 사회 정책을 어떻게 바라봤는지에 대한 이러한 시각은 제1차

---

155) Myrdal, G. 1959: 이와 관련하여 Myrdal은 "오늘날 경제적으로 발전한 나라들이 초기 경제 발전 단계에서 사회적 안전망이 거의 없었으며, 이러한 형태의 균등화된 정책은 평균 소득이 현재 개발되지 않은 국가들이 가까운 미래에 도달할 수 있는 수준을 훨씬 초과했을 때 비로소 중요한 역할을 하게 되었다"고 썼다. 『경제 이론과 개발되지 않은 지역들』, 슈투트가르트.

156) 참조. Ritter,Gerhard.1989:Die deutsche Sozialversicherung hat das politische Ziel, die Sozialdemokratie zu schwächen, nicht erreicht, sondern diese, wie die Gewerkschaften, gestärkt. p.84

157) 참조. Achinger, H.1971: 제도와 법적 관계, 그에 해당하는 사회 정책 이론은 물론, 인구의 사회적 상황에 대한 그들의 상상력과 필요성에 대한 진실함과 필연성에서 한 번에 정당화되었고, 이미 최종 목표의 성격을 갖게 되었다.
출처: Sozialpolitik als Gesellschaftspolitik, S. 5; Vobruba, G. 1997: 질서정책은 경제시스템의 사회적 환경에서 특별한 관심을 기울여 온 부분을 다루고 있다. Autonomiegewinne p.17.

158) 최고회의 신문 1961년1월1일

159) 국가 기능에 대한 사회 이론적 분석과 관련하여, 사회 정책은 본질적으로 시스템 통합과 사회 통합, 특히 자본주의 사회 형성에서 노동력 재생산 조건의 보장, 또는 '임금노동자 관계의 유지'에 기여한다고 주장하는 이론이다. 출처: Soziologie und Sozialpolitik von Kaufmann, F. - X, p. 37

경제개발 5개년 계획에서도 명확히 드러난다. 사회 정책은 경제개발 전략 및 목표 안에서 전혀 언급되지 않았으며, 경제개발이 추진되는 동안 사회 정책은 고려되지 않았다.[160] 이는 군사정권이 "경제가 우선이다"[161] 라는 정치적·이념적 슬로건 아래 산업 자본 축적과 수출 증대를 통한 경제 성장에만 일방적으로 집중했음을 보여준다. 제3공화국에서는 경제 성장을 위한 산업정책은 변경되지 않았지만, 사회 정책은 산업정책에 비해 후퇴하였다. 사회복지 정책에 대한 관심이 줄어든 것은 수사적 표현에서도 확인할 수 있다. 특히 박정희 대통령의 신년사에서 그 경향이 더욱 두드러졌다. 박정희 대통령의 신년사 일부는 다음과 같다:

"복지사회를 건설하기 위해 1962년에 부조와 보험을 기반으로 한 사회복지 제도가 수립되었습니다. …"

위에서 설명한 바와 같이, 사회복지는 단순한 구호의 개념으로 언급되었거나, 사회적 약자에 대한 관심으로 표현되었으며, 1969년의 시정연설에서는 심지어 사회복지의 책임을 기업가들에게 전가하는 내용까지 포함되었다.[162]

---

160) 독일의 경우: 독일 복지국가의 중요한 발전은 국가의 개입 방식의 변화에 있다. 제1차 세계대전 이전에 국가가 이미 경제 과정의 사회적 결과에 대한 책임을 원칙적으로 받아들였던 반면, 이제는 실질적으로 국가의 개입 권한을 행사하게 되었다. 이러한 경제 개입의 목표는 주로 제국의 전쟁 능력을 확보하는 것이었으며, 사회 정책은 그 목적을 달성하기 위한 수단에 불과했다. 그러나 이러한 개입으로 인해 사실들이 형성되었고, 이 경험들은 바이마르 공화국의 정치적 및 경제적 삶에 영향을 미쳤다. Die Weimarer Republik - ein Wohlfahrtsstaat? von Werner Abelshauser, In: Die Weimarer Republik als Wohlfahrtsstaat, p.16.
161) 6대 대통령 취임 연설 (1967년 5월 3일): 사랑하는 국민 여러분, 저는 복지사회가 정의를 실현하기 위해서는 우리가 지금 추진하고 있는 산업 국가로의 전환을 통해서만 이루어질 수 있다고 믿습니다. 그리고 저는 산업 국가로의 전환이 그 주요 목적이 정의를 실현하는 복지사회를 만드는 데 있음을 확신합니다.
162) 막켄라트에 따르면, 사회 정책과 국민경제 순환의 일치는 각기 어떤 방식으로 사회적 권리가 인정되어야 하는지를 규명하는 것이다. 왜냐하면 경제가 더 이상 이를 지원하지 않거나, 성과 소득이 너무 많이 제한되어야 할 때, 이에 대한 해결책을 제시해야 하기 때문이다. 독일의 사회 계획에 대한 개혁은 이러한 관점을 바탕으로 진행되었으며, 한국의 경제 상황을 고려할 때, 현재로서는 투자 축소를 최대한 피해야 한다는 점을 의미한다.

B. 사회 정책적 개별 조치

1. 노동 및 노동조합 입법

5.16 군사 쿠데타로 수립된 군사정권이 집권하자마자, 계엄군 사령부가 발표한 포고령 제5호와 국가재건최고회의 제6조를 공포하였다. 제5호 '경제 질서 회복을 위한 특별선언'이 발표되면서 정부는 노동자들의 모든 파업을 금지했고[163] 제6조에 따라 국회와 모든 사회단체가 해산되며 노동조합도 해산되었다.[164] 군사정권 이후 수립된 제3공화국은 강력한 정권을 기반으로 자립경제의 구축을 목표로 하였다. 이에 박정희 정부는 경제개발 5개년 계획(1962~66)을 통해 인프라 확장과 기초 산업의 설치를 정책의 기초로 삼았다. 이러한 기초 위에서 박정희 정부는 수출 증대와 수입 대체를 추진하였고 제2차 경제개발계획은 철강산업을 기반으로 한 산업구조의 고도화, 수출 증대, 수입 대체 추진, 과학기술의 발전, 그리고 제1차 경제개발계획 수행 중 발생했던 경제 발전의 장애 요소 제거 등을 통해 연평균 810%의 높은 경제성장을 달성했다. 그러나 이 개발 계획은 정부의 농업 투자 부족과 식량 수입을 통한 낮은 곡물 가격 정책으로 인해 농촌을 붕괴시켰고, 농민들은 제조업의 저임금 노동자로 흡수되었다.

---

163) 참조. „Die Arbeiter haben das Recht, Vereinigungen zu bilden, kollektive Verhandlungen zu führen und zu streiken." Die Verfassung der Republik Korea. Art. pp.29,30.
Kaufmann, F. X. 1982: 사회 정책은 국가 및 준국가 기관과 조직화된 집단에 의해 수행되는 모든 조치들의 총합으로 이해될 수 있으며, 이는 사회 전체 구조 속에서 사회 집단들의 상대적 위치에 영향을 미칩니다. 따라서 사회 정책은 국가(지방자치단체 포함)의 조치나 사회보장제도와 같은 준국가적 활동뿐만 아니라, 노동조합이나 사용자 단체의 행위도 포함됩니다. 이 행위들이 사회 집단의 생활 상태에 서로 다르게 영향을 미친다면, 그것 또한 사회 정책의 일부로 간주됩니다. 사회 정책의 경제적 가치는 이러한 관점에서 이해될 수 있다., p.126.
164) Rösner, Hans. J. 1999: 사회입법을 통해 반항적인 산업 노동자 계층을 사회 질서에 통합시키고, 이를 통해 자본주의 경제 질서에 대한 수용을 용이하게 하려는 의도가 있었다. p.17.

5.16 혁명정부와 제3공화국은 헌법 제28조와 제29조를 통해 노동권을 보장했다. 제28조는 세 가지 기본 노동권(단결권, 단체교섭권, 단체행동권)을 보장하였으며, 제29조는 고용증진과 노동정책의 민주적 원칙에 대한 국가의 의무를 명확히 했다. 하지만 이 조항은 노동자의 이익분배 권리는 현실에 맞지 않다는 이유로 삭제되었고, 공무원의 세 가지 기본 노동권으로 제한되었다. 경제개발계획을 성공적으로 수행하기 위해 정부는 전체 행정기능을 경제발전의 핵심 요소인 노동력 동원에 집중시켰다. 이에 1963년 국민복지부 산하의 노동과를 노동청으로 승격시켜 노동조합, 노동위원회, 노동 감독, 근로조건, 복지 및 사회보장을 관리하게 하였다. 또한 경제 발전을 위한 노동 정책을 수립하고 다음과 같이 행정조직을 정비하였다:

 1) 직업교육 조직의 확대 및 강화

　경제개발계획의 지속적 수행에 따라 기술 인력 양성이 시급한 과제로 떠올랐다. 1966년 정부는 직업 안전과 산하에 직업 교육 및 공식 기술 시험 부서를 설치하였고, 1967년에는 직업교육법을 제정하였다. 1968년에는 기술 인력과 숙련공의 연구개발 및 교육을 위한 중앙직업훈련원을 설립하였다.

 2) 산재보험 제도의 시행

　제3공화국 헌법은 국민의 생존권과 사회 정책의 촉진을 규정하였다. 이에 1964년 산재보험이 도입되었고, 정부는 서울에 중앙사무소와 각 도에 7개의 지방사무소를 설치하여 운영하였다.

 3) 노동력 수출에 따른 행정조직의 확장

　1963년 정부는 서독에 광부들을 파견하였으며, 이후 베트남, 괌, 중동 등에도 노동자를 파견하였다. 1965년에는 노동 감독관을 서독에 파견하여 업무를 수행하게 하였고, '해외개발공사'를 설립하여 해외 노동력 송출 업무를 일부 담당하게 하였다. 그러나 노동청의 기능은 제한적인 범위에서만 작동하였다.

이처럼 1960년대의 산업화 전략은 자본 축적과 경제개발계획 중심으로 축소되었으며, 낮은 임금과 노동집약적 수출 산업화를 기반으로 하였다. 이 전략은 1970년대에도 이어졌고, 특히 중화학공업의 산업화가 강조되었다. 정부는 중화학공업 산업화에 장애가 되는 노동 관련 제도를 모두 개정하였다. 그 결과 노동조합의 활동은 제한되었고, 정부는 사용자-피고용인 간의 관계에 직접 개입하였다. 이와 동시에 정부는 노동자의 복지와 지위 향상을 위한 법적 정비를 추구하여 근로기준법 개정을 포함한 노동자보호법, 선원법, 산재보험법, 직업안정법, 직업교육법을 확대하였다. 그러나 이와는 반대로 사용자-피고용인 관계에 대한 정부의 개입은 더욱 심화되었으며, 노동 행정은 공익 중심으로 변모하였다. 특히 1970년 '외국인 투자기업 노동조합 및 파업 협상에 관한 임시 특별법'은 외국인 투자를 유치하기 위해 노동자들의 세 가지 기본권을 원칙적으로 제한하였다.[165] 또한 1963년 제정된 '노사협의회 설치 규정'은 당시 노동 정책에서 주목할 만한 조치였다. 이는 한국에서 처음 제정된 규정으로, 노사협의회가 사용자와 근로자 간의 조화를 촉진하고 산업 평화를 유지하기 위한 목적으로 설립되었음이 명시되었다(제6조). 이 제도는 1960년대에는 제대로 작동하지 못했지만, 사용자와 근로자의 관계 정립을 위한 새로운 방향을 제시했다. 노동 행정 조직 또한 확대되었다. 즉, 국민복지부의 노동과가 노동청으로 전환되었고, 노동 감독 기능이 강화되었으며, 근로기준법 위반에 대한 처벌도 강화되어 노동 조건이 법적으로는 진보되었다. 그러나 실질적으로는 실질임금과 근로 조건은 개선되지 않았다.

경제개발계획을 성공적으로 수행하기 위해 사용자와 근로자의 관계는 재편되었고, 그 성공은 저임금과 장시간 노동에 기반하였다. 그

---

165) 박천식, 1985: 노조와 국가의 관계. p.35.

러나 노동자들은 경제 발전의 과실을 제대로 분배받지 못하였다. 이는 노동력 과잉, 폐쇄적인 노동시장, 노동조합의 협상력 부족 때문이기도 했지만, 더 근본적인 원인은 기업과 정부에 있었다. 즉, 기업은 자사 이익만을 우선시하였고, 정부는 기업 내 자본 축적을 통해 경제 개발에 필요한 국내 자본을 조달하고자 하였다.

이 시기 노동조합은 큰 변화를 겪었다. 1961년 국가재건최고회의는 '노동자의 사회활동에 관한 임시법'을 공포하고 노동조합 설립을 허용했다. 이에 따라 노동자 대표들은 1961년 8월 '한국노동조합 재건 준비위원회'를 조직하였다. 이 위원회는 과거의 경험을 바탕으로 전국에 15개의 산업별 노동조합을 구성했으며, 결국 전국 13개의 산업별 노동조합이 새로이 조직되었다. 그리고 1961년 8월 30일 '한국노총'이 결성되었다.

그러나 정부는 포고령 제5호 '경제 질서에 관한 선언'을 통해 임금을 동결하고 파업을 금지하였다. 그 결과 노동자 임금은 5.16혁명 당시 수준에 머물렀고, 1961년에는 '국영기업의 소득통제법'이 발표되었다. 이러한 이유로 1962년 계엄령이 해제되기 전까지 노동조합의 활동은 극히 미미했다. 포고령 해제 이후 한국노총은 파업권의 자동 복원을 주장했지만, 정부는 이를 인정하지 않았고, 이에 따라 정부와 한국노총 간의 갈등이 발생하였다. 이후 파업권이 변경되어 공포되면서 파업 협상의 갈등이 해소되었고, 한국노총의 조직과 인력이 확대되었다.

2. 1960년대 노동법의 주요 내용
 1) 근로기준법 (제791호: 1961년 12월)
  1. 근로기준법 제정
  2. 퇴직금 제도 변경 (제28조)
  3. 여성의 출산 전후 유급휴가 명시 (제63조)

4. 미성년자를 고용할 경우, 사업주의 교육시설 설치 또는 장학금 지급 의무화 (제63조)
   5. 근로기준법 위반 시 처벌 강화
 2) 노동조합법[166]
   1. 기존 노동조합의 정상적인 운영을 방해할 목적으로 설립된 단체는 노동조합으로 인정하지 않음 (제13조)
   2. 사업장 내 노사협의회 설치에 관한 규정 명시 (제6조, 제14조, 제133조)
   3. 노동조합의 정치 활동 금지 규정 강화 (제12조)
   4. 노동조합 설립 절차의 변경: 신고제에서 인가제로 전환 (제13조, 제15조)
   5. 노동청이 노동조합의 임시총회를 소집할 수 있는 권한을 가짐 (제35조)
   6. 사용자의 부당노동행위 시 처벌을 예방조치에서 원상회복 조치로 변경
   7. 전국 단일노조 체제를 지향하거나 노동조합 설립 요건을 새로 정함(제13조, 제14조, 제26조, 제33조)
 3) 파업 협상에 관한 법
   1. 공익사업 범위 확대 (제43조)
   2. 파업 협상을 위한 '특별노동위원회' 설치 규정 명시 (제10조)
   3. 하위 노동조합이 파업을 하려면 전국 단위 노동조합의 승인을 받아야 함 (제12조)
   4. 노동조합은 파업 전에 노동위원회의 합법성 심사를 받아야 함
   5. 노동청이 노동위원회로 사건을 중재 절차로 이관함

---

166) 1962년4월17일 자

6. 단체협약과 조정·중재 합의서의 효력을 일치시키는 규정 명시 (제40조)

4) 노동위원회법

1. 노동위원회 구성 원칙 변경기존에는 노동자, 사용자, 공익대표 각 3명씩으로 구성되었으나,변경된 규정에서는 노동자 3명, 사용자 3명, 공익대표 5명으로 구성됨또한 상임위원 구성에 관한 새로운 규정도 마련됨 (제6조, 제7조)

2. 중앙노동위원회가 지방 위원회나 특별위원회에 대해 행정 절차 및 법령 해석에 대한 지시권을 가짐 (제17조)

3. 공익대표 위원에게 노동조합 규약의 변경 및 무효화에 대한 법적 권한 부여 (제20조)

3. 사회보험 조치[167)

사회보험은 가입자의 기여금 납부를[168) 통해 예측 가능한 위험을

---

167) Rösner, Hans. J. 1999:인간 존재의 불확실성 때문에 진정한 의미의 '사회적 안전'은 존재할 수 없고, 단지 이론적으로만 생각할 수 있는 이상적인 상태에 접근하려는 '사회적 보장'만이 가능하다는 다소 철학적인 고찰을 차치하더라도, 이 두 개념(안전과 보장)에 연결된 관념들은 실제 사회 정책에 상당한 영향을 미친다.

168) 참조. Preller, Ludwig.1970: 보험 급여의 주요 재원인 기여금의 구조화에는 사회보험이 선택할 수 있는 세 가지 방식이 있습니다: a) 지출형 방식 (Umlageverfahren), b) 자본 적립 방식 (Kapitaldeckungsverfahren), c) 권리 적립 방식 (Anwartschaftsdeckungsverfahren).지출형 방식(Umlageverfahren)은 기여금 합계가 예상되는 총 보험 급여 비용과 일치하도록 설정되는 특징이 있다.예상 총 지출에 상응하는 재정적 요구는 가입자에게 분배되며, 그에 따라 각 가입자의 기여금 비율이 결정됩니다. 지출형 방식에서는 보험 급여가 현재의 기여금 수입만으로 충당됩니다. 그러나 보험 급여는 변동할 수 있기 때문에 기여금 비율은 예를 들어 매년 새로운 필요에 맞추어 조정됩니다. 자본 적립 방식(Kapitaldeckungsverfahren)에서는 들어오는 자금이 대규모 기금에 모입니다. 이 자금은 이자 발생 자산에 투자될 수 있으며, 발생한 수익은 기금을 증대시키고, 이 기금은 기여금과 함께 지출을 충당하는 데 사용됩니다. 이 방식은 특히 기여금의 평균 수준이 일정하게 유지되는 것을 목표로 합니다. 권리 적립 방식(Anwartschaftsdeckungsverfahren) 은 자본 적립 방식의 보험 수리적 변형으로, 보험 가입자들의 평균 기여금이 특정 기간(예: 5년 또는 10년) 동안 확률 계산을 통해 설정되며, 이 기간의 지출을 충당할 수 있도록 조정됩니다. 이 방식에서는 기여금이 설정된 기간 동안만 일정하게 유지됩니다. p.318

보장하려는 자조 방책이다. 사회보장의 특징은 국가적인 강제성과 사회적 재분배이다. 사회보장은 "법에 의해 강제된 공적 자조 시스템으로, 가입자 외에도 고용주와 정부가 기여금 또는 보조금을 납부하게 되어 있다. 기여 대상자들은 서로 연대하여 책임을 지는 집단처럼 구성된다."[169]

1) 공무원연금법

공무원 연금은 1960년 1월 1일부터 시행된 공무원 연금법에 의해 규정되었다. 제1조에서는 이 법의 목표를 명확히 정의하고 있다.[170] "이 법은 공무원에게 병, 사고, 임신, 해고 및 사망 시 적절한 보장 혜택을 제공하여 공무원과 그들의 부양 가족의 생활 수준을 유지하고 복지를 증진시키는 것을 목적으로 합니다." 이 법에 따라 공무원 기금이 형성되었고, 이 기금의 관리 업무는 일반 정부업무부 장관이 담당한다. 이 기금은 다음과 같은 혜택을 제공한다:

- 질병 및 사고 보장: 공무원이 질병에 걸리거나 근무 중 사고가 발생한 경우, 병원 치료비와 병원 입원비를 3개월까지 전액 지원하며, 이 기간 동안 급여도 계속 지급된다.
- 공무원연금: 20년 이상 근무한 공무원은 나이와 관계없이 연금을 받을 수 있다. 이 연금은 때때로 높은 인플레이션율로 인해 일시불로 지급받을 수도 있다.
- 출산급여: 공무원 여성 및 그들의 배우자에게 지급된다.
- 유족연금: 공무원이 사망한 경우, 배우자, 자녀, 부모(공무원이 부양한 경우)에 대해 연금이 지급된다.

이 혜택은 공무원과 정부가 각각 50%씩 부담하는 기여금과, 공무

---

[169] Liefmann-Keil,Elisabeth.1961: Ökonomische Theorie der Sozialpolitik. p.137.
[170] Choi, Chun-Song. 1980: Sozialversicherung in Korea. Seoul. Institut für korean Sozialversicherung p.264.

원 기금이 투자한 자산에서 발생하는 이자 수익으로 재원 마련이 이루어진다.

2) 군인연금

공무원연금법과 유사하게, 1963년에 군인연금법이 제정되어 이전의 대통령령에 의한 군인연금 규정을 대체하였다. 군인연금은 공무원 연금과 달리 주로 연금 지급만 이루어지며, 군병원에서의 치료가 이미 제공되기 때문에 의료비 지원은 포함되지 않는다. 군인연금 기금은 국방부에서 관리하며, 재원은 공무원 연금과 마찬가지로 기여금으로 마련된다. 군인연금 외에도 군인들을 위한 특별 보험이 있으며, 이는 군 복무 종료 후 경제적 기반을 마련하는 데 도움을 주는 일시적인 지급을 제공한다.

3) 산업재해보험

1963년에는 근로자들의 사회적 보장을 위한 기본법이 제정되었다. 그 법에 따라 사회적 보장 제도는 국민의 기본적인 생활을 보장하는 것을 목표로 했으며, 1964년에는 산업재해보험이 도입되었다. 이 법의 목적은 직장에서 발생한 사고에 대해 신속하게 보상을 제공하는 것이었다. 주요 보상 항목에는 재해보상금, 장례비, 유족급여, 의료비 등이 포함된다. 이 혜택은 일정기간 동안 제공되며, 치료가 10일 이상 걸릴 경우 치료비를 3개월까지 지원한다. 직업상 재해로 사망한 경우 유족에게는 1000일 치 임금에 해당하는 일시적인 보상금이 지급된다. 이 보험은 고용주만의 기여금으로 운영되며, 기여금은 주로 각 사업장의 임금 총액에 비례하여 부과된다.[171]

---

171) 참조. 반면, 카우프만은 "근로자 보호정책은 사회보장 정책이면서 동시에 탁월한 경제 성장 촉진 정책이다."라고 썼다. 1982, p.12

4) 건강보험

사회적 건강보험은 법적으로 제정되어 있으나, 아직 몇몇 기업에서만 실행되었다. 사회적 건강보험의 목표는 근로자 및 그들의 가족이 질병이나 근로 외 사고로 인한 치료를 받을 수 있도록 하는 것이다. 건강보험 혜택에는 질병 치료, 장례비, 출산 급여 등이 포함된다. 이 보험은 근로자와 고용주가 기여금을 나누어 부담하며, 국가의 보조가 일정 부분 이루어진다.

법적 강제 규정이 없고, 보험 가입이 고용주에게만 의존하기 때문에 많은 사업장에서 시행되지 않았다. 300명 이상의 직원을 둔 기업에서만 이 보험을 시행할 수 있으며, 300명 미만인 경우 여러 사업장이 합쳐서 보험을 운영하였다.

5) 공공 건강 서비스 및 생활 보장 연금

국가 예산에서 사회적 보장 서비스로 공공 건강 서비스와 생활 보장 연금이 포함되어 있다. 1971년에는 국가 예산의 약 5.9%가 이들 서비스에 지출되었다. 공공 건강 서비스는 주로 국가 병원의 유지 관리에 사용되며, 일부 도시 지역의 국민들에게만 일부 서비스가 제공되었다. 건강 서비스의 대부분은 민간 병원과 의사들이 담당하고 있으며 또한 국가에서 제공하는 유일한 공공 건강 서비스는 특정 감염병에 대한 무료 예방접종이었다. 이 외에도 생활 보장 연금이 있다. 이 연금은 한국 전쟁 중에 부상을 입거나 일본 식민지 시대의 독립운동에서 공로를 세운 사람들에게 지급되며, 그들의 후손에게도 지급될 수 있다. 이 연금은 수급자의 경제적 상황과 관계없이 지급되었다.

4. 사회부조

사회보험은 수혜자의 기여 원칙에 기반을 두고 있는 반면, 사회부조는 수혜자의 필요에 따라 기여금과 관계없이 제공되는 공공의 임무이다.[172] 사회부조의 특별한 형태로는 생활 지원과 특별한 상황에의 지원이 있다.

1) 생활 지원

1961년의 '생활보호법'은 현재의 빈곤층을 위한 생활지원 프로그램의 법적 근거를 마련한 법이다. 빈곤층은 두 가지 범주로 나눠지는데:

① 일을 할 수 없는 사람들 (65세 이상, 18세 미만, 정신적 및 신체적 장애가 있는 사람들, 미혼 임산부)
② 일을 할 수 있지만 극도로 가난한 사람들

프로그램에 포함되기 위한 조건은 다음과 같다:

① 해당 사람이 법적 후견인이 없거나, 법적 후견인이 그 사람을 지원할 수 없는 경우
② 해당 사람의 소득이 정부가 매년 새로 설정한 최소 기준액을 초과하지 않는 경우

1965년에는 390만 명이 지원이 필요한 사람들로 분류되었으며 (전체 인구의 13.3%), 1975년에는 이 숫자가 130만 명으로 줄어들었다 (전체 인구의 3.9%). 선발 기준에 대해서상목은 보다 객관적인 기준이 필요하다고 보았다. 구체적으로 보면, 최소 기준액은 '간신히 수용 가능한' 생활 수준에 맞추어야 한다는 것이다. 지급된 지원은 이 '간신히 수용 가능한' 기준에 맞는 수준이 생계를 보장하기에 부족하였다. 공식적으로 빈곤선이 설정되면, 지원정도는 예상 소득과 설정된 기준선의 차이에 정확히 맞아야 합. 또한, 현금 지원이 부

---

172) 민간 경제에서 한국인들의 이익 추구는 거의 무정부 상태처럼 나타나며, 이는 결국 국가의 개입을 불가피하게 만든다. 자아 원칙이 부족하고, 가족, 학교, 고향과 같은 관계로 연결되지 않는 한, 동료 시민에 대한 배려도 부족하다. In: FAZ, Nr. 103 (vom 4.Mai 1972), p.2.

적절한 경우에만 식량 지원을 제한해야 한다고 한다.

2) 특별한 상황에서의 지원

'특별한 상황에서의 지원'의 예로는 두 가지 프로그램을 들 수 있다. 하나는 '자활 근로 프로그램'이고, 다른 하나는 '의료 지원 프로그램'이다. 자활 근로 프로그램은 일할 수 있는 가난한 사람들에게 중요한 지원 수단으로.[173] 이 프로그램에서의 임금은 남성 노동자는 하루 약 2,500원, 여성 노동자는 2,000원이다. 이 프로그램에서의 일은 도로 건설 또는 도로 개선 작업, 소규모 및 대규모 하천 정리, 농촌 관개시설 건설, 다양한 도시 건설 프로젝트 등을 포함한다.

5. 1960년대 사회 정책에 대한 비판적 평가

1) 초안

한국의 사회 정책은 국가의 통제 아래 형성되었으며, 법으로 제정되어 실행되고 변화되었다. 이는 서구 국가들에 비해 한국에는 복지 조직이 없었기 때문으로 사회 정책의 결정과 실행에 있어 국가는 정치당, 의사, 노동자, 농민 등 사회 정책과 관련된 이해관계를 제거했다. 이로 인해 정부는 사회 정책을 시행하는 과정에서 실수를 범했으며, 그 결과 사회 정책에서 큰 성과를 얻지 못했다.

2) 발생

1960년대에는 계급 체제가 발전하지 않고 생산성이 낮은 상태에서[174] 많은 사회법이 제정되었다. 군사정권과 제3공화국 하에서 제정된 법에는 공무원 연금, 사회 정책을 통한 소득 보장, 그리고 사회

---

173) 참조. Zeit von Bismarck. 비스마르크의 노동 창출 모델은 간단하면서도 경제정책적 관점에서 그의 시대를 앞섰다. 국가는 경제에 대한 보상적 개입을 통해 부족한 일자리를 창출해야 한다는 것이었다. 국가는 재정적 이유로 아마 실행되지 않았을 일들을 수행하게 만든다. 예를 들어, 대운하 건설이나 이와 유사한 프로젝트들이 그 예다. 또한, 다른 종류의 매우 유용한 시설들도 많다. p.14.

정책과 관련된 법들이 포함되었다.175)

산업 국가, 특히 서독에서는 먼저 노동자를 위한 사회보험과 산업재해보험, 건강보험을 도입한 후 연금보험을 도입하였다. 그러나 산업화되지 않은 국가인 한국에서는 먼저 연금보험을 도입하고, 그 후에 산업재해보험을 도입했다. 산업 국가들과 한국의 사회 정책 차이는 그 발생 역사에서 이미 차이를 보이고 있다. 산업 국가에서의 사회 정책은 노동자들이 더 나은 노동 조건을 요구하며 정부에 대한 반응으로 도입되었다. 즉, 산업 국가에서는 사회 정책이 "밑에서 위로" 발전한 것인 반면, 한국의 군사정권은 산업 국가들의 사회 시스템을 모델로 삼아 유사한 사회 정책을 도입하려 했다. 따라서 한국의 사회 정책은 "위에서 아래로" 형성된 것이다.

3) 대상 176)

발전된 산업 국가의 사회 정책은 먼저 노동자들을 위해 도입되었고, 그 후 공무원들에게 적용되었다. 이 과정에서 사회 정책은 발전

---

174) Köhler, Peter. 1979: 개발도상국의 예는 사회보험이 사회 정책적 목표로서 논의되는 시점이, 사회적 문제를 해결하는 것 이상의 정치적 성과를 거둘 수 있는 기회가 보일 때라는 것을 보여준다. 예를 들어, 국가의 주요 문제가 기근인 경우, 그곳에서는 연금보험에 대한 지지가 일어나지 않는다. 그러나 일부 행정 그룹이 사회보험 프로그램을 통해 특혜를 받는 경우가 있더라도, 이것은 실제로 국가 차원에서 확장된 보험 시스템과는 비교할 수 없기 때문에 이를 반박하는 것은 아니다. p.83.

175) 참조. Bergsman, J.,1980; Income Distribution and Poverty in Mexico, Washington, S.21; Central Bank of Ceylon.1973;, Department of Economic Research, Survey of Sri Lanka's Consumer Finances, Vol. 1, Colombo,S. 88; Economic Commission for Latin America.1971, Income Distribution in Latin America, New York,S.145;Elliottt,Ch.1975: Patterns of Poverty in the Third World, A Study of Social and Economic Stratification, New York, Washington, London, p.204.

176) 사회적 보장의 발전은 정치적 영향력과 조건에 따라 달라지며, 이는 주로 외부 요인(예: 경제적 발전이나 정치적 결정) 또는 내부 요인(사회적 보장을 제공하는 기관 내의 권력 구조나 해당 시스템의 행정적 동력)에 의해 좌우된다. 사회적 보장 정책은 지난 몇십 년 간 가장 적게 연구된 분야 중 하나에 속한다. 실제로 사회 정책적 결정의 필요성은 어떻게 발생하는가? 사회 운동, 정치인, 정부 부처, 협회, 직업 집단은 그 과정에서 어떤 역할을 하는가? 사회적 보장의 소비자는 사회 정책적 결정에 영향을 미칠 기회가 얼마나 있는가? In; Sozialpolitische Bilanz, p.XIX.

을 거듭하며 경험을 축적할 수 있었으나 한국에서는 먼저 공무원과 군인 연금이 도입되었고, 그 후 노동자 계층이 사회보험에 포함되었다.[177] 산업재해보험은 노동자들을 위한 사회보험으로는 늦게 도입되었으나, 대기업의 노동자와 사무직 근로자에게만 적용되었고, 노동자와 사무직 근로자 사이에[178] 차별을 두지 않았다.[179]

[177] 표28) 초기 산업화 과정에서 계급의 변화 (백분율) 출처: 서관모, 1988. pp.66,68.

	1960	1970		1960	1970
A. 자본가	0.5	0.6	E. 노동자	11.8	24.1
B. 신중간계급	4.3	5.7	사무직	0.9	3.1
임금 중산층	2.4	3.3	판매직	0.6	1.9
- 정부 부문	1.7	1.8	공공부문 노동자	1.9	2.6
- 사적 부문	0.7	1.5	산업노동자	7.1	15.8
- 지식인	1.9	2.5	실업자	1.3	0.7
C. 자영업	10.5	13.6	F. 주변인	7.7	4.3
수공업	8.0	9.4	사적 영역 서비스업	3.2	1.7
서비스업	0.4	0.6	가사도우미	1.8	1.7
생산적 자영업	2.1	3.6	실업자	2.7	0.9
D. 농업/어업	65.2	51.7	전체	100(7.522)	100(10.543)

[178] 참조. Kaufmann, F. X.(1973): 그 외에도 사회적 보장에 대해 '올바른'또는 '본질에 맞는' 구분을 찾으려는 시도는 무의미해 보인다. 그러나 공통적인 요소로 남는 것은, 여기서 요약된 사회보장 혜택에 대해 개인들이 명확하게 구분된 법적 권리를 가지고 있다는 사실이다. 이러한 권리는 일반적으로 독립적인 행정 절차를 통해 확인되어야 한다. p.135.

[179] Kaufmann, F. X (1977): 사회 정책의 본질에 대해, 주로 법 제정과 행정이 사회적 갈등에 어떻게 대응하는지에 따라 그 방향이 달라진다고 할 수 있다. 이때 이러한 의도가 상반된 사회적 계급들의 이해관계에 미치는 영향이 바로 물질적 의미에서의 사회 정책으로 이해된다. 그러나 우리가 생각하기에 분명한 점은 하나 있다. 사회 정책은 계급정책이 아니라 특정 계급을 위한 정책이 아니라는 것이다. 사회 정책은 지속적인 사회 목적의 달성을 보장하는 데 목적이 있으며, 궁극적으로 사회 전체를 보호하고 발전시키려는 것이다. 사회 정책은 개별적인 사회 집단이나 계급을 지원하고 강화하는 이유는 사회 전체의 이익을 위해서이다. 따라서 사회 정책의 궁극적인 목표는 변하지 않는다: 사회의 통합을 유지하고 건강하고 강력하게 보존하는 것, 특히 사회 내 갈등으로부터의 위협에 맞서 싸우는 것이다. 그렇지만 이 목표를 향한 구체적인 방법이나 사회 정책이 해결해야 할 직접적인 문제는 달라질 수 있다. 이 문제는 사회 전체의 이익을 위해 필요한 지원이 무엇인지를 판단하는 부분에서 비롯된다. 결국, 사회 정책의 모든 문제는 그 사회에 대한 인식에 뿌리를 두고 있다. 그러므로 각 사회보장 시스템은 반드시 자기가 생각하는 사회에 대한 이상, 즉 사회 이상을 가지고 있으며, 이 사회 이상의 본질과 형태는 문제 해결을 위한 방법과 수단을 결정한다. 간단히 말해, 모든 사회 이상은 일정한 범위 내에서 변할 수 있는 사회 정책을 요구한다. p.42.

4) 내용

연금 시스템은 소득 보장의 일환으로 처음에 공무원과 군인에게 도입되었다. 연금 시스템의 수준은 점차 상승했으며, 연금 시스템의 범위도 확장되었다. 1960년대에 도입된 공무원 연금은 60세가 되어야만 퇴직금을 받을 수 있었고, 연금 가입 기간이 20년 이상인 경우에도 퇴직금은 마지막 급여의 30-50% 정도에 불과했다. 그러나 1962년부터는 나이 제한 없이 퇴직 시 마지막 급여의 40-50%를 퇴직금으로 받을 수 있게 되었다. 이는 사회보장 수혜자의 연령을 낮추면서 동시에 혜택 수준을 높였다는 것을 의미한다. 사회부조는 생활비 지원, 의료 지원, 장례 지원, 출산 지원 등을 포함하고 있었다. 생활비 지원은 두 가지 단계로 나누어졌습니다. 첫 번째 단계는 법적 후견인이 있는 사람들로, 이들은 최소한의 생활수준을 유지할 수 있도록 정부가 1인당 250g의 밀을 지급했다. 두 번째 단계는 보호시설에 수용된 사람들로, 이들에게는 쌀과 다양한 곡물, 부식이 지급되었다. 의료 지원은 극빈자에게 무료 치료를 제공하는 프로그램이었다. 당시의 사회부조는 최소한의 생활수준을 보장하기에는 부족한 수준에 그쳤다.

5) 재정 조달

1960년대 사회 개발과 안전을 위한 예산 비율은 다음 표에서 확인할 수 있다.

표 29). 복지 예산 (1961-1972, 전체 정부 예산 대비 %)

	1961	1963	1965	1967	1968	1969	1970	1972
사회발전	19.4	21.6		21.0	22.7		22.6	28.8
교육 이외	6.3	8.2		6.6	6.6		6.6	11.2
사회보험	4.5	5.9		5.0	4.8		5.1	3.7
보건사회부	2.6	4.0	3.3	3.0	3.4	2.8	1.9	1.6

출처: 한국은행, 경제 연감. 1972

사회 개발을 위한 예산은 대체로 20% 증가했으나, 교육 분야를 제외하고는 6%에서 8% 정도만 증가했다. 이는 사회 개발을 위한 예산이 크게 변화하지 않았음을 의미한다. 공공질서를 위한 예산은 평균적으로 4.83%였으며, 사회복지 및 건강 관련 부서의 예산은 오히려 줄어들었다.[180]

---

[180] Hofmeister,W/Thesing,J(Hrsg.). 1999: 한국의 사회 지출은 1인당 소득에 비례하여, 비슷한 수준의 1인당 소득을 가진 다른 나라들의 지출에 겨우 6분의 1에 불과했다. a.a.O., p.219.

V. 사회 정책 발전의 취약점

1960년대 초반, 선거 전략으로 시행되었던 사회 정책은 1960년대 중반부터 축소되고 감소되었다. 정부는 경제 성장의 저해를 피하고자 하였으며, 사회 정책이 경제 성장의 장애물이라고 보았기 때문인데, 이는 1960년대 한국 사회 정책이 더 이상 발전하지 못한 사회적 요인들에 해당한다.[181]

1. 노동조합과 근로자 대표

1) 노동조합[182]

식민지 시대부터 강하게 발전한 노동조합 운동은[183] 자율적이었고, 노동운동의 지도자들에 의해 지원받거나 이끌어졌다. 당시의 노동운동은 독립운동과 유사한 성격을 가졌으나, 해방 후, 좌파 성향의

---

181) 정부는 도로, 전력 규제, 관개, 침식 방지 작업과 같은 공공사업을 통해 실업자들의 흡수와 공공 서비스 고용 기회의 증가를 도모하려 한다.
182) Shalev, Michael. 1983: "복지국가는 계급 문제로 인식되며, 이는 노동계급과 그들의 이익을 대변하는 조직에 의해 지지되고 정의된다. 노동계급의 조직화, 즉 노동조합과/또는 정당 내의 활동은 자본주의 사회의 계급 분열을 반영하는 개혁적 노동조합과 정당에서 결정적인 요소로 작용하며, 특히 노동당이 권력을 행사하게 되는 것은 공정성과 계급 간 평등을 증진하는 공공 정책의 시작과 발전에서 중요한 역할을 해 왔다. The Social Democratic Model and Beyond: Two Generations of comparative Research on the welfare state. In; Comparative Social Research, Vol. 6, pp, 315-351.
183) 참조. Heidenheimer,A. 1973: pp.315-340.

지도자들이 노동운동에 참여했으며, 그들은 노동운동에서 권력을 장악했다. 그러나 이들 지도자들은 미국 군정에 의해 거의 모두 축출되었고 그 후, 이승만 정부는 '전국 노동조합 총연맹'(대한민국 노동총연맹)을 '전국 노동자 협의회'(전평)와 통합시켰다.[184] 그러나 '전국 노동조합 총연맹'은 노동조합이 경제적 투쟁을 위해 필요하다는 인식에서 비롯된 것이 아니라, 미국 군정의 지원을 받기 위해 우파 정치인과 자본가들에 의해 창설되었다.[185] 1961년 5월 23일, 국가재건최고회의는 6.3 선언을 통해 기존의 노동조합을 전면 해산시켰다. 이후 8월 3일 '노동조합 단체법'에 따라 8월 4일 정부가 인정한[186] '한국 노동조합 재건위원회'가 9명으로 구성되었다.[187] 8월 30일에는 '한국 전국 노동조합 총연맹'이 결성되었고, 한국 전국 노동조합 총

---

184) 전체 한국 노동회(전평)의 투쟁 목표
  1. 최저임금법 제정 2. 하루 8시간 근무 3. 유해하고 위험한 작업장에서는 하루 7시간 근무 4. 14세 미만 아동 노동 금지 5. 단체교섭권 확립 6. 해고 및 실업 반대 7. 실업, 질병 및 고령 근로자를 위한 사회보험 실시 8. 집회, 파업 및 시위의 자유 보장
185) 참조. Hirsch, J.1966: Die öffentlichen Funktion der Gewerkschaften., pp.79-81.
186) 1961년, 보건복지부 장관은 '노동자의 파업에 관한 임시 법령' 발표에서 노동조합 재조직의 목표가 전통적인 문제들, 즉 적대감, 불화, 분열적인 기능을 제거하는 것이라고 설명했다. 그는 개별 노동조합보다 '전국 한국노동조합연맹'이 단합을 이루는 데 더 적합하다고 보았다. 새로 조직된 노동조합은 순수한 노동조합 활동을 통해 노동자들의 복지 향상을 목표로 했다. 이 목표를 달성하기 위해서는 행정을 담당할 주요 인물들이 중요했다. 따라서 다음의 주요 인물들은 자발적으로 사임해야 했다.
  1) 과거에 당에서 높은 직위를 가졌고, 정치적 목적으로 노동조합을 이용하며 노동조합 활동에 부정적인 영향을 미친 사람들.
  2) 노동조합의 이사로서 노동조합 회원들의 의견을 경시하거나 무시하며, 독재적으로 행동한 사람들.
  3) 노동조합 활동을 통해 개인적인 이익을 얻은 사람들.
  4) 사회적 불안을 초래하고, 산업 발전을 저해하기 위해 적대감과 불화를 일으킨 사람들.
187) Hirsch, Joachim.1966:노동조합의 경향적으로 권위적인 구조는 회원들의 낮은 참여와 종종 높은 이직률로 특징지어지는 회원들의 무관심과 일치한다. 여기에는 위험한 상호작용이 발생한다: 한편으로 권위주의적 지배는 회원들의 참여 부족을 촉진하고, 다른 한편으로 바로 그 참여 부족이 지도자들의 권력 위치를 강화한다. p.138.

연맹이 결성되자,[188] 다음과 같은 규칙이 발표되었다.
  1. 반공주의 강화 및 자유 경제 체제 확립을 위한 단결
  2. 노동자 기본 권리 보호 및 생활 수준 향상
  3. 정치적 중립과 민주적 노동운동 발전에 대한 기여와 재정적 독립성 확보
  4. 노동자의 교육과 문화생활 개선에 지속적 기여
  5. 국가 산업 발전에 건강한 노동정신으로 기여
  6. 주요 산업의 공익성 증진과 산업 민주화 기여
  7. 우호적인 민주주의 국가의 노동자들과의 국제적 교류 강화로 세계 평화 유지

위의 규칙을 통해 반공주의가 분명히 드러나면서, 노동조합의 경제적 파업을 줄이려는 의도가 나타났다. 또한 '정치적 중립'[189]이라는 표현을 사용하여 정치적 기능과 정치적 파업을 포기한 것이기도 했다.[190] '주요 산업의 공익성 및 산업 민주화'가 노동운동의 기초로 제시되었지만, 이를 실현하려는 강한 의지는 나타나지 않았다.[191] 또한 한국 전국 노동조합 총연맹은 정부의 권력이나 기업에서 독립성

---

188) 참조. 독일에서 1869년부터 1890년까지, 1869년의 산업법에 의해 노동조합 금지가 완전히 철폐되었다. 1875년, 고타에서 '라살레파'와 '아이제나허파'가 통합되어 독일 사회주의 노동당(SPD)이 결성되었으며, 그 기원은 1869년으로 거슬러 올라간다. 1878년, 비스마르크 하에 사회주의자 법이 제정되어 모든 노동자 단체를 해산시키려는 목적을 가지고 있었다. 1882년부터는 당파적 정치 활동을 배제한 전국적인 노동조합들이 설립되었고, 1887년부터는 많은 기독교 노동자 단체들이 결성되었다.
189) 노동조합이 정해진 국가와 경제 질서 내에 남아 있었다면, 공동 결정권과 재편성에 대해 말할 수 없었고, 만약 그들이 공동 결정권과 재편성을 원했다면, 국가와 경제 질서의 정해진 경계를 넘어설 필요가 있었다. In: DGB- Bundesvorstand: Geschäftsbericht für die Jahre 1950/51, p. 13.
190) Rösner, Hans. J. 1999: 법치국가에서 점차적으로 발전하는 복지국가로의 전환 과정에서, 국가의 노동관계에 대한 개입은 처음에는 주로 억압적인 관점에서 이루어졌으며, 즉 사회민주주의와 노동조합 활동을 금지하는 방식이었다. 그러나 동시에 산업 노동자 계층의 물질적이고 사회적인 상황을 개선하려는 시도도 있었으며, 이를 통해 그들을 지배적인 사회 질서와 화해시키려는 노력이 이루어졌다.

을 확보하려는 입장을 취하지 않았으며, 노동조합 내 민주화를 실현하기 위한 구체적인 규칙도 없었다. 이로 인해 한국 전국 노동조합 총연맹은 노동조합의 강화 및 확대, 자기 혁신을 위한 동기를 배제한 채 활동하였다. 노동조합 재건 과정은 노동귀족과 정부에 순응하는 노동조합 간의 갈등을 해소하고, 단일 시스템을 구축하는 것을 주요 목표로 삼았다. 그러나 이 재건 과정은 노동자들의 자발적인 의지에서 비롯된 것이 아니라, 정부의 권력에 의해 위에서부터 만들어졌다. 이것이 당시 노동조합의 특징이다. 산업별로 시스템을 재편성하면서 협상 능력이 강화되었지만, 실제로 이를 뒷받침하는 분위기가 부족하여 재편성은 제대로 이루어지지 않았다. 노동조합의 구성은 단일 시스템에서 산업별 시스템으로 변화하였고, 이 변화된 시스템의 성격은 위에서 쉽게 지배하고 복종할 수 있을 정도로 간편한 구조였다. 또한, 노동조합 재편성에 대한 정부의 의도는 정부가 노동조합에 쉽게 개입할 수 있도록 하는 것이었고,[192] 이 개입은 노동귀족들의

---

[191] Hirsch, Joachim.1966: 경제적 잠재력으로 인해 공공의 문제로 간주되는 경제 단위들의 결정에 대한 영향력 행사와 다른 한편으로는 '민주화'된 기업 내 관계를 통해 노동자의 하위 존재 상태를 없애려는 노력. 그러나 이러한 기업 내 공동 결정권은 노동자들이 자유시장 경제 질서의 기계 속에서 여전히 객체적인 위치에 있다는 점을 변화시키지 않는다. 이로 인해 경기 불황이나 기술적·구조적 변화가 생산 과정에 미칠 실제적 결과에 대해 취약해지는 상황이 발생한다. 이를 해결하기 위해서는 경제 계획, 경제 관리, 그리고 포괄적인 사회적 안전망을 포함한 집단적인 보호와 관리 조치에 대한 노동조합의 참여가 필요하다.In: Die öffentlichen Funktionen der Gewerkschaften, pp.107-108.

[192] Der Brief, der zu den Vorstandsmitglieder in jeder Gewerkschaft geschickt wurde. (4.2.1970) 수출은 국가의 힘의 합계이자 척도이다. 오늘날 우리는 다른 나라들이 우리를 부러워할 정도로 우리의 노동자들이 근면하고 성실하며 높은 교육을 받았다는 것을 자랑스럽게 여기고 있다. 하지만 더 중요한 것은 적정한 임금 수준이 유지되는 것이다. 왜냐하면 우리는 다른 나라에서 생산된 제품들과 비교하여 더 나은 품질을 가진 제품을 더 저렴한 가격에 생산해야 하기 때문이다. 이 목표를 달성하기 위해서는 임금이 비쌀 수 없다. 만약 높은 임금으로 인해 제품 가격이 상승하여 수출이 줄어들면 무엇이 일어날까? 첫째, 산업화가 발전하기 어려워진다. 그 후에는 경제 발전이 침체되어 실업이 증가하게 된다. 그렇다면 임금이 하락하는 것이 당연한 일이 될까? 그래서 적정한 임금 수준이 유지된다면, 가격이 저렴한 제품을 생산할 수 있고, 더 많은 수출이 이루어질 수 있다. 수출 증가는 산업화 발전과 고속 성장을 촉진하며, 이는 결국 서비스업 고용과 임금 상승으로 이어지게 된다.

도움을 받아 노동조합에 의해 받아들여졌다.[193]

1) 조직 상황

한국노동조합총연맹이 창립되었을 당시(1961년 8월 31일 기준), 산업별 노동조합은 14개, 지부는 172개, 조합원 수는 96,831명이었다. 1972년에는 산업별 노동조합이 17개, 지부는 430개, 조합원 수는 515,292명으로 증가했다.

표 30) 노동조합 및 조합원 수 (1961-1971)

	노조갯수			조합원 수					노동자 수
	산업노조	지역	지역연합	조합원	남성	여성	성장률(%)	조직률(%)	
1961	14	172		96,831			−		
1962	14	279	1,526	176,165			81.9		
1963	16	313	1,820	224,420	174,222	50,198	27.4		
1964	16	341	2,105	271,579	211,144	60,435	21.0	11.4	2,389,000
1965	16	362	2,255	301,523	235,491	66,032	11.0	11.4	2,635,000
1966	16	359	2,359	336,974	250,656	76,318	11.8	12.0	2,809,000
1967	16	386	2,619	377,576	286,576	91,000	12.0	12.3	3,069,000
1968	16	385	2,732	412,906	309,876	103,030	9.4	12.0	3,431,000
1969	16	417	2,939	444,783	333,317	111,466	7.7	12.4	3,586,000
1970	17	419	3,063	473,259	357,881	115,378	6.4	12.5	3,786,000
1971	17	446	3,061	497,221	372,575	124,648	5.1	12.6	4,059,000

출처: 노동부, 노동통계 연감, 1973

조합원 수가 증가했음에도 불구하고 조직률은 낮았다. 이러한 낮은 조직률은 한편으로는 법적인 제약에서 비롯되었으며, 공무원과

---

193) 참조. Choi, Jang- Jip. 1984, Studien über den politisch- ökonomischen Einfluss der Arbeiterbewegung in Korea, In; koreanische Gesellschaftsforschung, Vol. II, p. 302.

교원은 법적으로 노동조합 결성이 금지되어 있었다. 다른 한편으로는 국가가 국영기업, 대기업, 대중매체 등에 대해 직접적 또는 간접적으로 다양한 통제를 했고, 사용자들에 의한 불법적인 노동행위가 있었다. 또 하나의 낮은 조직률의 원인은 노동자들의 의식 부족과 노력 부족에서 찾을 수 있었다. 한국노동조합총연맹은 낮은 조직률의 핵심 원인으로 "사고방식과 비효율적이고 비합리적인 활동의 저조함"을 꼽았다. 그리고 산업별 노동조합의 확대는 노동조합의 활동뿐만 아니라 노동자 수의 자연적 증가에 기인한다고 설명했다.[194]

2) 기업별 노사협의회 (Betriebsrat)

1960년대 이후 한국 정부는 노동 정책의 일환으로 '기업별 노사협의회 제도'를 도입했다. 이 노사협의회는 사용자와 노동자 간의 협력을 위한 기반으로 인위적으로 강제된 것이었다. 이 제도는 근로 기본법의 억압 아래 사용자 측에 유리하게 운영되었다. 5.16 군사정변 이후 등장한 이 노사협의회는 국가재건최고회의에 의해 창설되었으며, 이는 서방 산업 국가들의 노동조합 시스템을 참고한 것이었다.

노동조합법 제6조에는 "사용자와 노동조합은 협력을 도모하고 산업 평화를 유지하기 위해 노사협의회를 설치해야 한다"라고 명시되어 있다. 이 제도를 시행하기 위해 노동조합법 제1조 제1항의 규정만이 적용되었으며, 이에 따르면 노사협의회의 구성은 사용자 측과 노동자 측이 동등한 인원으로 구성되어야 한다고 되어 있다. 그러나 협의회의 협상 대상이나 운영에 관한 구체적인 규정은 존재하지 않

---

194) Hirsch, Joachim. 1966: 노동조합이 그들의 임무를 다하지 못한다고 할 수 있다. 만약 노동조합이 고용주와의 직접적인 대립에서 임금 정책에만 집중한다면 말이다. 현대 복지국가에서 경제 및 사회 정치적 과정의 많은 부분이 국가 기관에 의해 영향을 받고 규제된다면, 노동조합은 이러한 규제를 자신들의 이익에 맞게 영향을 미치려고 할 수밖에 없다.

았다. 특히 노동조합법 제33조 제4항에는 노사협의회 대표에게 단체교섭의 대표 권한이 부여된다고 명시되어 있고, 제5조에는 사용자와 노동자 간의 관계를 정상화하기 위해 노사협의회 설립과 기타 사항들을 결정한다고 되어 있다. 이는 노사협의회가 사용자 측에 유리하게 구성되었음을 의미하는데, 이로 인해 사용자들은 노동조합의 단체교섭권 및 파업권을 제한할 수 있었다.

표 31) 노사협의회 수 (1966-1970)

	전체		100인 이상 사업장		100인 이하 사업장	
	전체 작업장수	노사협의회 수	사업장 수	노사협의회 수	사업장 수	노사협의회 수
1966	980	725	560	345	420	380
1967	1,257	797	687	384	570	413
1968	1,267	874	678	417	589	457
1969	1,401	1,010	613	482	791	528
1970	1,536	1,124	679	539	867	586

출처: 노동부, 노동통계 연감, 1971

2. 노동운동[195]

1960년대에는 다양한 방식으로 노동 통제[196]가 이루어졌지만, 중반 이후 수출 중심 산업[197]이었던 섬유, 화학, 금속 산업을 중심으로 대규모 노동운동이 발생했다. 1960년대 말에는 외국 자본이 투자한 기업들에서도 파업이 발생하며 그 양상은 더욱 격화되었다. 산업화

---

195) 참조. A,Paul.(1988): pp.27-45.; Hewitt, Christopher. 1977: pp.450-464.
196) 이 통제의 대부분은 한국 중앙정보부(KCIA)가 수행했다. Clark, Donald(1996): 그의 권한은 미국 중앙정보국(CIA)과 연방수사국(FBI)의 권한을 합친 것보다도 더 컸다. 이 조직은 1963년 이후에도 남아 있었으며, 그로 인해 남한의 정치적 장면에서 입법부와 정당은 실제로 거의 권력을 가지지 못한 채 독재적 관리가 보장되었다. In; The Koreans, p.55.

가 시작된 60년대 초반에는 국가의 강력한 통제로 인해 대중적인 노동운동은 불가능했으나, 산업화가 진전될수록 파업이 빈번히 발생하게 되었다.[198] 1960년대 노동운동의 특징은[199] 다음과 같다:
1) 파업의 증가 1960년대 중반 이후 파업이 증가했다. 1960년 초부터 1971년 말 '국가보위특별법'이 공포되기 전까지 연평균 111회의 파업이 발생하였고, 연평균 154,288명의 노동자가 파업에 참여했다. 파업 증가의 주요 원인은 높은 경제성장 속에서도 누적된 물가상승으로 인해 저임금 노동자들의 실질임금이 하락했기 때문이며, 소득 격차로 인한 상대적 박탈감 또한 원인이 되었다.
2) 격화된 노동운동의 성격 1960년대 후반에는 산업사회에서의 이해 충돌을 반영한 격렬한 노동운동이 다양한 요구와 함께 나

---

197) 지난 10년 동안, 한국은 경이로운 경제 성장을 이뤘다. 그러나 그 과정에서 ...자원은 일방적으로 공장과 도로에 집중되었고, 농업은 그에 비해 소홀히 다뤄졌다. 그와 동시에 사회적 긴장감이 커져갔다. In: FAZ, Nr. 94 (vom 22. April. 1972), p.2.
198) 표 32) 노사 갈등 요인 (1963-1973)

	전체	임금 인상	미지급임금	사업장 폐쇄	노조활동 방해	노동보호	그 외
1963	89	66.3	–	3.4	22.5	1.1	–
1964	126	68.0	–	4.8	12.4	0.9	–
1965	113	69.1	–	8.2	14.4	2.0	–
1966	104	62.5	1.9	7.3	17.2	10.7	0.3
1967	105	59.3	4.2	5.7	20.9	9.9	–
1968	112	55.1	2.3	10.2	17.8	13.2	1.3
1969	70	65.5	2.2	9.2	19.6	11.4	1.1
1970	88	59.9	4.8	6.1	18.4	10.9	2.0
1971	101	45.7	5.9	6.8	27.6	12.7	1.4
1972	–	–	–	–	–	–	–
1973	–	–	–	–	–	–	–

출처: 노동부, 노동통계 연감, 1981
199) 그러나 '국가'를 지배의 도구이자 노동자의 존재 보장을 위한 수단으로서 현실을 반영하는 연구에 대한 자료는 매우 어려운 상황이다. 이는 주로 행위에서만 추론할 수 있는 노동자들의 의식에서 비롯된다. R, Gerhard. p.11.

타났다.[200] 노동자들은 단순한 작업 거부에서 파업과 같은 적극적인 행동으로 변해갔다.

3) 경제적 파업에서 정치적 파업으로의 전환 열악한 생활 여건 속에서 단순한 경제적 요구만으로는 목표를 달성할 수 없음을 인식한 노동자들은 정치적 파업을 시작했다.

이러한 정치적 파업은 1963년 "파업권 쟁취 투쟁"을 시작으로 본격화되었으며, 1962~1963년 사이에는 노동법 개악 저지, 국영기업의 소득통제 법 폐지, 세제개편 반대, 전국총연맹의 정치 참여 시도 등 다양한 정치적 목적의 파업이 있었다. 그러나 이 정치적 파업은 성과를 거두지 못했다. 그 이유는 전국총연맹이 협상력 부족뿐 아니라, 파업 노동자를 지원할 조직이 부재했기 때문이었다.[201]

당시에 파업이 실패한 구체적인 이유:

1) 노동운동의 미약함

기업별 노조에서 산업별 노조로 전환되었음에도 불구하고 산업별 노조와 총연맹은 개별 노동운동에 대해 연대와 지원 활동을 보여주지 못했다. 이는 60년대 초 전환기적 현상에서 벗어나 정부의 영향 아래 있는 순응적 노조로 변화했기 때문이다. 노동자의 의식은 약했고, 책임감을 가진 지도자는 드물었으며, 노조는 민주화되지 않았고 정부에 순응적이었다.

2) 기업의 노동운동 통제 시스템 강화

사용자들은 노동운동에 참여한 노동자를 협박하거나 회유하고, 노조와 파업을 동시에 해체시켰다. 또한 "노사 협력"이라는 미명하에

---

200) 예를 들어, 노르웨이와 러시아에서는 19세기 말의 급격한 산업화로 인해 노동자 계급의 극단주의가 나타났다.
201) 참조. Therborn 1986:그는 복지국가의 발전을 노동자 계급의 이동성에 의해 요약했다, '카를 마르크스의 귀환'. In; International Political Science Review, Vol 7, No 2, pp.131-164.

노동운동을 약화시켰다.

 3) 정부의 탄압

　정부는 산업화 초기 단계에서 경제개발과 국가 안보를 최우선으로 삼아 적극적으로 개입했다.[202] 1960년대 내내 정부는 노동법 개악, 각종 통제법, 노동3권 제한, 외국 자본 투자기업의 우대 등의 정책을 통해 노동운동을 지속적으로 억압했다.

 3. 기업 복지제도

　퇴직 시 상당한 수준의 보상과 종신 고용 제도의 도입은 노동자에게 실업, 질병, 노후 빈곤에 대한 사회적 안정감을 제공했다. 이는 노동자들이 자신이 속한 기업에 강하게 소속감을 가지게 만들었으며, 이는 '기업 가족'이라는 유대적 분위기 속 상호 의무로서 이념적으로도 뒷받침되었다. 이러한 이해관계는 기업 내 노조, 사내 의사결정 참여, 품질 및 혁신 서클 등을 통해 더욱 공고히 되었으며, 결과적으로 노동자는 전면적으로, 사실상 되돌릴 수 없는 형태로 기업에 통합되었다.

　기업 복지제도란 다음과 같은 기능을 가진다:

　1. 숙련 노동력을 기업에 정착시키고

　2. 생산성과 효율성을 향상시키며

　3. 노사 간 평화로운 관계 형성과

　4. 파업 감소에 기여한다.

---

202) Piven, Frances / Cloward, Richard. 1971: 구호 제공을 이해하는 핵심은 그것이 더 큰 경제적, 정치적 질서에서 수행하는 기능에 있다. 구호는 보조적이고 지원적인 제도로, 역사적 증거는 구호 제도가 대량 실업으로 인한 시민 불안의 폭동이 발생할 때 시작되거나 확대되며, 정치적 안정이 회복되면 폐지되거나 축소된다는 것을 보여준다. 우리는 광범위한 구호 정책이 시민 불안을 완화하기 위해 설계되었고, 제한적인 정책은 근로 규범을 강화하기 위해 설계되었다고 주장할 것이다. 즉, 구호 정책은 순환적이다—자유주의적이거나 제한적이며, 정부가 직면해야 할 더 큰 사회에서의 규제 문제에 따라 달라진다. In: Regulating the Poor, p.xiii.

특히, 사회 정책이 미발달한 한국에서는 노동자들이 이러한 기업 복지제도를 유일한 사회 정책 수단으로 인식했다.[203] 그러나 이 제도는 법적으로 규정된 것이 아니라 사용자 자율에 따라 운영되었기 때문에, 수혜 대상과 범위가 표준화되지 않았다. 기업 복지제도의 확산은 노동자와 실업자 간의 큰 격차를 초래했다. 대부분의 복지 비용은 국가에서 보조하였으며, 사회 정책은 원래 노동자와 실업자를 위한 것이어야 하나, 실제로는 중산층에게 혜택이 집중되었다. 기업 복지제도는 기업 규모와 비용에 따라 영향을 받는데 기업이 도산하거나 파산하면 노동자는 복지 혜택을 받을 수 없게 된다. 기업 복지제도는 사회보장 급여의 수준과 지속 기간이 기업마다 달라, 노동자 조직 확대에 있어 각 기업 노동자의 관심사에 영향을 준다.

4. 사회적 약점

1) 유교의 영향

1960년대 초부터 노동은 자아실현의 수단으로 이해되었다. 이로 인해 노동자들의 동기부여는 매우 높았으며, 이는 전통적인 지배 이데올로기로 한국 사회 전반에 스며들어 있던 유교의 영향으로 해석할 수 있다.[204] 국가와 자본가들은 유교의 가치를 사회 통제 수단으로 활용했는데,[205] 즉, 사용자와 노동자 사이의 관계를 가족처럼 충

---

203) Hofmeister,W/Thesing, J. 1999: p.39.
204) 참조. Zhang, Wei-Bin. 1999: Confucianism and Modernization., S.163-215. : Hofmeister, W/Thesing, J.1999: Soziale Sicherheit in Asien., pp.18-22.
205) Wildavasky, Aaron.1985: 제도화된 권위에서의 계층 구조는, 전문화와 노동 분업이 대체적인 배열보다 사람들 간에 더 큰 조화와 효율성을 가능하게 한다는 이유로 불평등을 정당화한 다. 계층 구조가 돌봄의 공동체를 창출한다고 믿는 것이 그 정당성의 핵심이다. 따라서 계층 구조는 희생 윤리에 의해 정당화된다: 각 부분은 전체를 위해 희생해야 한다. 순수하게 자발적인 결합의 삶을 고수하는 교파 문화는 권위를 거부한다. 교파적 실천의 가장 좋은 지표는 소득 수준이나 남성과 여성, 부모와 자녀 간의 차이를 줄이

성과 의무, 관계 중심으로 강조하며 계층 간 갈등을 통합과 조화로 해결하려 했다.206)이러한 통제는 경제 발전에 대한 노동자의 기대를 충족시켰지만, 동시에 불공정한 사회 구조를 심화시켰고, 노동자들은 다른 계층에 비해 무력하고 행동할 수 없는 존재로 느끼게 되었다. 이러한 무력감과 불공정에 대한 자각은 1970년대 대규모 노동운동의 원인 중 하나가 되었다. 207) 노동자들의 직업 생활에 대한 만족도는 경제 성장과 반비례하는 형태로 나타났다. 산업화가 진행될수록 노동자들은 임금, 인간적 대우, 사생활의 안전에 대한 불안을 더 많이 느끼게 되었다. 이러한 불안은 국가와 기업이 경제적 개인주의를 거부하고, 특히 충성과 의무에 기반한 이데올로기를 국민, 민족, 가족, 그리고 노동관계까지 확산시켰기 때문이다. 유교적 시각에서 사용자들은 노동자에게 가족과 같은 연대감을 강조했고, 기업은 개인의 자아 실현의 장소가 아닌 노동자와 경영자가 공동의 목표를 위해 노력하는 전체 개념으로 이해되었다. 산업화가 진전됨에 따라 노동조합에 대한 노동자의 인식이 변화했고, 노동자들은 노동조합의 필요성을 인식하게 되었으며, 노동조합을 통해 자신의 이익을 지킬 수 있다는 사실을 깨달았으며, 이에 따라 노동조합 간부를 인정하기

려는 시도이다. 예산 용어로 번역하면, 차이를 줄인다는 것은 부유한 사람들에서 가난한 사람들에게 소득을 재분배하는 것을 의미한다. A Cultural Theory of Expenditure Growth and (Un)Balanced Budgete., In: Journal of Public Economics., Nr. 28, 1985, p.351.
206) Cho, Lee-Jay. 1991: "유교 윤리는 일본에서 보급 과정, 그 나라의 정치적 현실, 그리고 메이지 시대에 서구의 합리주의가 도입되면서 수정되었다. 일본은 중국보다 더 큰 비중을 두고 충성(즉, 자신의 직속 상관에게, 그리고 사회의 계층을 통해 특히 궁극적인 통치자에게 충성)을 강조했다. 일본 역사 대부분에서 군대는 정부에서 더 큰 역할을 했으며, 그로 인해 오직 황실만이 민간 행정 전통을 유지했다. 반면 송나라 중국에서는 '문치봉무(문을 중시하고 무를 경시한다)'라는 구호 아래 민간 관료제가 군사보다 우위에 있었다. 한국 역시 이 왕조 기간 동안 주로 민간 관료제에 의해 지배되었다. p.561.
207) 제5대 대통령 취임 연설에서 (1963년 12월 17일): 국민은 사회 질서를 유지하고 자신의 의무를 다해야 하며, 그 후에야 국가가 자신을 위해 무엇을 하는지 기대할 수 있다. 또한, 국민은 늦지 않게 후회하지 않도록 법에 따른 자유를 합리적이고 착실하게 추구해야 한다.

시작했다. 노동자들은 권위와 복종, 요구와 헌신으로 구성된 전통적인 사용자-노동자 관계를 거부하게 되었고, 자신의 권리와 이익을 수호하기 위해 사용자와 대립하기 시작했다.

2) 공산주의

3년간 지속된 한국 전쟁은 휴전으로 끝났지만, 휴전 상태의 지속은 한국 사회에 안보 이데올로기를 지배적인 이데올로기로 자리잡게 만들었다.[208] 이로 인해 국민들은 전쟁에 대한 공포를 가지게 되었고, 안보 의식과 반공주의는 국민 의식 전반을 지배하게 되었다. 이 이데올로기는 사회 혼란을 방지하고, 사회 질서와 안전을 유지하는 역할을 했으며, 이분법적 사고 방식을 조장해 사회를 '적'과 '아군'으로 구분하도록 만들었다. 이러한 안보 이데올로기는[209] 5.16 군사 정권과 제3공화국 집권 세력이 권위주의적 통치를 정당화하는 수단으로 활용되었다. 급진적인 집단은 공산주의 세력으로 규정되어 사회에서 배제되었고, 노동운동은 사회적 혼란을 유발하고 북한에 도움이 된다는 이유로 철저히 탄압당했다. 또한 노동운동은 외국 자본

---

208) 이데올로기는 사회적으로 구성된 '진리'를 정당화하는 원천이다. 이러한 진리는 보통 네 가지 수준에서 발전한다: 언어적 수준, 격언적 수준, 제도적 수준, 그리고 이데올로기적 수준. 언어적 수준은 단어의 사용과 관련이 있고, 격언적 수준은 그 단어와 관련된 적절한 행동을 규정한다; 제도적 수준은 단어와 격언이 상황에 맞는 사회적 역할로 이어지는 곳이다; 그리고 이데올로기적 수준은 역할의 기반이 정당화되고 규범적 존엄성을 부여받는 곳이다 (예를 들어, 질병이 문제의 원인이지 환자가 원인이 아니라는 것, 환자는 치료자가 검사하고 치료하는 것을 받아들여야 한다는 것, 치료자는 환자나 제3자로부터 보상을 받아야 한다는 것, 그리고 치료자는 그의 문화에서 상대적으로 높은 지위 계층에서 지위를 받아야 한다는 것). Berger,P/Luckmann,T.1967, The social construction of reality. Zit. nach, Chatterjee, Prabab., p.99.
209) Charterjee, Pranab.(1996):1960년대에, 미국의 벨(Bell)과 프랑스의 아론(Aron)은 이데올로기가 제1세계와 제2세계에서는 그들의 기본적인 신념 체계가 확립되었기 때문에 더 이상 관련성이 없다고 제시했다. 그러나 제3세계에서는 지배 체제의 정당화가 아직 확립되지 않았기 때문에 이데올로기 논쟁이 더 중요해지고 있었다.p.102.

의 국내 투자에 장애가 되는 요인으로 여겨졌다. 이런 인식 하에, 정부는 노동운동 지도자들을 제거하거나 그 자율성을 통제했다.

정부는 사회와 노동운동에 대한 통제를 강화하기 위해:

1961년 7월, '반공법'을 제정하고

1962년 9월, '국가보안법'을 개정 및 강화하며

1962년 3월, '정치활동정화법'을 제정해 정치적 통제망을 구축했다.

특히 1971년 제정된 '국가보안법'은 국가 안보 유지를 이유로 노동 분야에 대한 정부의 개입을 법제화했다. 단체교섭권과 파업권 행사를 위해서는 사전에 관련 부처에 조정 신청을 해야 했고, 그 결정에 따라야 했다. 대통령은 파업권이 국가 안보를 해치거나 국가 동원에 지장을 줄 경우 파업권을 제한할 수 있는 권한을 가졌다. 북한과의 대립 속에서 정부는 예산의 대부분을 국방비에 지출했고,[210] 이는 지속적인 군비 경쟁을 가속화 했다. 결과적으로 사회복지 예산은 정체되었으며, 이는 국민의 복지 향상에 장애가 되었다.[211]

---

210) 표 33) 국방비 지출 1961 - 1972 (백분율)

연도	1961	1962	1963	1964	1965	1966	1968	1970	1972
세수대비	29.0	23.2	28.1	33.2	31.9	28.8	-	23.2	25.9
GNP대비	5.6	-	-	-	3.7	-	-	3.7	4.3

출처: 재정통계연감. 1992

211) Flora, P/ Alber, J/ Kohl,J.1977: "더 강력하거나 더 큰 위험에 처한 국가들은 상대적으로 늦고/또는 느린 국가 복지 상황의 발전으로 특징지어지며,이는 그들이 자원의 더 큰 비율을 군사적 목적으로 사용하기 때문이고, 그 결과 – 다른 조건이 동일하다면 – 복지 목적에 사용할 수 있는 자원의 비율은 상대적으로 적어지게 된다." In: Politische Vierteljahresschrift Heft 4, 18. JG. 1977, p.712.

3) 급진적 정당[212)

(1) 이념적 경직성[213)

정부 수립에 주로 기여한 이념적 갈등은 한국 전쟁을 통해 더욱 심화되었다. 이제 국민들은 모든 급진적 정당을 공산당의 분파로 보거나 공산당이 이름만 바꾼 것이라고 믿었다. 따라서 국민들은 기본적으로 이러한 급진적 정당을 거부하게 되었다.[214)

(2) 국민의 의식

국민들은 강력한 야당이 집권당과 경쟁할 수 있기를 원했다. 국민들은 제3당과 제4당의 출현을 원하지 않았다. 왜냐하면 제3당과 제4당의 출현이 힘을 약화시킬 수 있다고 인식했기 때문이었다. 따라서 집권당에 대한 투쟁의 힘이 약화될 것이라고 보았다.

(3) 급진적 정당의 사회적 기반 약화

노동조합 활동과 중산층의 운동은 급진적 정당의 사회적 기반이 되어야 했으나 약했다. 급속한 경제 발전 속에서 노동조합 활동은 정부의 노동 통제에 의해 매우 제한되었다. 당시 한국에서는 정치적 노동운동을 수행하는 것이 불가능했다. 이로 인해 급진적 정당과 노동조합 간의 상호 지원과 발전이 이루어지지 않았다. 또한 노동조합은

---

212) 참조. Castles,F/McKinlay,R.(1979): pp.157-171.
213) 이데올로기의 수준과 구체적인 정책 수준 간의 구별을 비교하라. 출처: Ringen, Stein. The possibility of politics. - A study in the political economy of the welfare state., pp.55-62.
214) Helgesen, Geir. 1998: "만약 우리가 보수파와 사회주의자 두 진영을 생각해 본다면, 한국이 분단되어 있는 한 여기서 그런 시스템이 존재할 수 있다고는 상상할 수 없습니다. 여기서 야당조차도 보수적입니다. 일부 사람들은 제 정당을 가장 진보적이고 사회주의적 성향에 가까운 정당으로 보지만, 사실 그렇지 않습니다. 경제 분야에서는 우리는 자유 시장 시스템을 바탕으로 구축하고 있다. 저는 사회주의 정당이 등장하는 것을 상상할 수 없습니다(지난 40년 동안 세 번 또는 네 번 발생했지만), 그들은 즉시 북한의 공산당과 연관된 것으로 낙인찍히거나 그렇게 인식됩니다. 그래서 이런 정치적 분위기에서는 사회주의 정당이 생기는 것이 매우 어려울 수 있습니다." In: Democracy and Authority in Korea, p.59.

정부의 통제 아래 점차 보수화되었다. 따라서 급진적 정당의 활동은 매우 제한될 수밖에 없었다.

⑷ 보수당과의 정치적 프로그램 및 방향의 차이 없음

급진적 정당의 정치적 프로그램과 방향은 기존의 보수당과 큰 차이를 보이지 않았다. 중립화 국가와 군비 축소와 같은 차이는 오히려 국민들에게 현실 감각의 부족으로 해석되었다.

⑸ 일관되고 지속적인 이념 부재

급진적 정당의 지도자들은 자주 교체되었기 때문에 일관되고 지속적인 이념을 유지할 수 없었다.

VI. 나가는 글

- 한국의 사회 정책은 산업화의 산물인가?

"사회적 진화를 거부하는 것은 필연적으로 사회적 혁명으로 이어진다.… 오직 사회보장의 확충을 통해서만 이 문제에 대응할 수 있으며, 평화로운 진화를 통해 사회정의를 실현할 수 있다.[215]

혁명으로 정권을 잡은 군사 정부는 경제 건설과 사회적 안정을 혁명의 목표로 삼았다. 이러한 목표 하에 산업화를 추진하였다. 박정희에 의해 추진된 산업화는 거시적 관점에서 근대화된 자본주의로 이끄는 산업화의 출발이었으며, 미시적 관점에서는 '국가-자본' 및 '국가-노동' 관계를 형성한 '한국 모델'의 핵심 요소였다.

1960년대의 경제는 외국의 지도자들의 도움으로 촉진되었고, 이후 외국 경제 차관이 한국 경제의 중심이 되었다. 1950년대 이전까지 한국은 개발도상국으로 간주되었지만, 1960년대에 들어서면서 근대화된 산업화의 가능성을 보여주었고, 전체 사회를 산업화에 맞게 재편하였다. 1960~70년대 동안 사회 구조, 인구 이동, 국민의 의식은 끊임없이 변화하였다.

산업화의 기본 전략은 다음과 같다:

---

215) Laloque, Pierre: The Social Problem. Zitiert nach: Heinemann, Klaus, Soziale Sicherung der Arbeitnehmer in der Indischen Union. Sozial politischen Schriften, Heft 27, Berlin1971, p.202.

1. 수출 중심 산업화

　수출 대체 산업을 통해 산업은 농업보다 더 강조되었다. 군사 정부는 수출 대체 산업을 확장형 성장 전략으로 보았으며, 노동집약적인 경공업을 수출용 대체 산업으로 선택했다. 원자재를 수입하여 국내에서 가공한 후, 가공품을 해외로 수출하였다. 산업화의 중심은 점차 소비재 부문에서 자본재 부문으로 이동했다.

2. 외국 자본 의존

　당시 1인당 소득이 매우 낮고, 사회의 대다수는 빈곤에 시달리고 있었다. 국내 자본이 절대적으로 부족했기 때문에 외국 투자가 늘고 자금 조달이 수월해지자 정부는 더 나은 외국 기술을 도입하려고 하였다. 국내 자본시장만으로는 충분한 투자 자금을 조성하기까지 시간이 너무 오래 걸렸기 때문이다.

3. 정부의 주도

　정부는 개발계획의 설계와 집행을 주도하였고, 국내 자본 흐름, 외국 자금 조달, 인프라 건설 등에 직접적이고 광범위하게 개입하였다.

4. 재벌 시스템

　정부는 자본 집중을 통해 재벌 성장을 촉진하였다. 특히 자본, 기술, 경영 면에서 선도적 역할을 할 수 있는 유능하고 효율적인 재벌을 집중적으로 육성하였다.

5. 성장 우선, 분배는 그 다음

　정부는 경제 성장을 비대칭적으로 우선 추진하였고, 이후 경제 성장의 혜택을 고르게 분배하고자 하였다. 군사 정부는 1963년 미국의 압력으로 정권을 국민에게 이양해야 했다. 이 과정에서 '국가재건최고회의' 의장이던 박정희가 대통령 후보로 출마하게 된다. 그러나 당시의 사회적, 경제적, 정치적 상황은 군사 정부가 다시 권력을 장악하기에 불리했다.

이러한 상황에서 혁명 정부는 대통령 선거에서 승리하기 위해 모든 수단을 동원하였다. 그 대표적인 전략이 복지국가 건설이라는 주제의 부각이었다.[216] 복지국가를 언급한 사람들은 5.16혁명을 주도했던 군인들과 당시 정치권력을 꿈꾸던 기술관료들이었다. 이들은 해외 유학과 연수 경험을 통해 서유럽 사회의 발전을 접한 계층이었다. 그들은 서유럽을 복지국가로 이해하였고, 서유럽의 사회 모델을 한국 사회에 이식하려 하였다. 이들은 일본이 메이지 시대에 독일 사회 정책을 받아들였듯, 일본의 사회 정책을 한국에 도입하려 하였다.[217]

이들은 국민들에게 산업재해 보험과 건강보험 같은 여러 사회 정책과 사회보험을 도입하겠다고 약속하였다. 그러나 1960년대 초의 한국은 복지국가를 목표로 삼고 사회 정책을 도입하기엔 사회적·경제적 여건이 매우 미흡하였다. 또한 당시 한국 사회에는 큰 사회 문제나 사회 불안을 일으킬 만한 요소도 없었다.

대부분의 이론가들이 주장하듯 복지국가는 산업화가 진행된 이후, 사회문제가 증가하고 노동자 계급이 확대·조직화된 결과로 등장한 것이었다. 한국에서는 복지국가의 징후가 오히려 대통령 선거에서의 승리를 위한 수단으로 활용되었다. 사회보험의 수혜자들은 노동자 계층이 아니라 공무원, 교사, 군인 등 비노동자 계층이었으며, 노동자 대상의 산업재해보험조차 정부가 비용을 부담하지 않고 노동자와 사용자에게 전가하였다. 하지만 1963년 대선에서 승리한 박정희는 사회의 모든 역량을 경제개발에 집중시켰고, 산업화에 방해가 되는 요소들을 제거해 나갔다. 그는 노동법을 개정하여 국가가 직접 노사 관계에 개입하게 하였고, 사회복지 비용을 삭감함으로써 노

---

216) 참조. Chatterjee, P.1996: Über die Sozialpolitik von revolutionären Elite., pp.117-118.
217) Collier,David/Messick,Richard.1975, p.1306.

사 갈등을 해소하려 하였다. 이러한 경제개발 정책은 성공적으로 시행되어, 제1차 경제개발 5개년 계획(1962~1966년) 기간 동안 계획보다 1.4% 높은 경제 성장률을 기록했다. 1인당국민소득은 1961년 86달러에서 1966년 125달러로 증가하였다. 그러나 경제 발전에도 불구하고 노동자의 임금은 여전히 낮은 수준에 머물렀다.

이 경제 발전의 결과는 선거 결과와도 직접적으로 연결되었다. 박정희는 1967년 대선에서 1963년 대선 당시의 경쟁자였던 윤보선을 상대로 10% 이상 차이로 승리하였다. 두 차례 대선에서의 승리를 통해 정통성을 확보한 박정희는 노동정책 분야를 철저히 통제하였고, 사회 정책에는 더 이상 관심을 두지 않았다.

비록 산업이 발전하고 고용도 증가했지만, 분배·안전·보장에 대한 관심 부족은 노동자 및 소외 계층의 불만을 초래하였다.[218] 이 불만은 1960년대 말과 1970년대 초의 대규모 노동운동으로 이어졌다. 이에 대해 국가는 더욱 강력하게 노동운동을 통제하고 억압하였다. 정부는 헌법보다 우선하는 '국가 비상사태법'을 제정하여, 모든 단체와 조직의 활동을 금지하였다.

---

218) 김종필, 1973: 한국의 경제적 상황은 축적에 집중해야 하며 분배는 아직 아니다. 동아일보. 1973년12월 20일

참고 문헌

Berger, Johannes. 1999: Die Wirtschaft der modernen Gesellschaft. Strukturprobleme und Zukunftsperspektive. Frankfurt/N.Y. Campus

Bergmann, Cornelia.1997: Eine Region im Aufbruch- Plannungs, Handlungs, Qualifizierungskonzepte im Entwicklungsprozess. Region Rio Grande do Sul (Brasil). Münster. Diss

Bernbach, Udo/Blanke, Bernhard.1990: Spaltungen der Gesellschaft und die Zukunft des Sozialstaates. Opladen (Laske+Budrich)

Berthold, Nobert. 1997: Der Sozialstaat im zeitalter der Globalisierung. Tübingen Mohr Siebeck

Berthold, Nobert.1990: Sozialpolitik zwischen ökonomischer und politischer Rationalität. In; Hamburger Jahrbuch, 35Jg, SS.171-184.

Böckels/Scharf/Widmaier. 1976: Machtverteilungen im Sozialstaat. Untersuchungen zur These: Öffentliche Armut bei privaten Reichtum. München.

Böhle, Fritz. 1981: Sozialpolitik und Produktionsprozess

Böhle, Fritz/Altmann, Nobert. 1972: Industrielle Arbeit und soziale Sicherheit. Risiken im Arbeitsprozess und auf dem Arbeitsmarkt

Bonß, Wolfgang/Heinze, Rolf.G(Hrsg.). 1984: Arbeitslosigkeit und Arbeitsgesellschaft

Borrmann, Axel/Wolff, Hans-Ulrich. 1991: Industrialization in Developing Countries. Hamburg. Weltarchiv Verlag

Bouillon, Hardy. 1997: Freiheit, Liberalismus und Wohlfahrtsstaat .

Baden-Baden

Brandt, Gerhard. 1972: Industrialisierung, Modernisierung, gesell-schaftliche Entwicklung. In; Zeitschrift für Soziologie, Jg 1, Heft 1, SS.5-14.

Breitkopf, Helmut/Wohlfahrt, Nobert. 1990: Sozialpolitik jenseits von Markt und Staat? Bielefeld (Kleine Verlag)

Brown, Gilbert.1973: Korean Pricing Policies and Economic Development in 1960s, Johns Hopkins Uni. Press., N.Y.

Büsch, Otto. 1979: Industrialisierung und Geschichtewissenschaft. Berlin. Colloquium Verlag

Büse, Jürgen. 1974: Gewerkschaften im Prozess des sozialen Wandels in Entwicklungsländern., Bonn-Bad Godesberg, Verlag Neue Gesellschaft GmbH

Bust-Bartels, Axel. 1993: Ökonomische Entwicklung und (sozio-) Kultur Argumente für eine unkonventionelle Beschäftigungsinitiative. Hagen. Kulturpolitische Gesellschaft e.v.

Cammack, Paul. 1997: Capitalism and Democracy in the third World. The Doctorine for political Development . London, Washington. Leicester uni Press

Castles,F/McKinlay,R.1979: Public Welfare Provision: Scandinava and Sheer Futility of the sociological Approach to Politics., In; British Journal of Political Science, Vol.9, 1979.

Cavanna, Henry. 1998: Challanges to the Welfare state. Internal and external Dynamics for change. Cheltenham. Edward Algor Publishing

Chan, Raymond.1996: Welfare in newly Industrialised Society. The construction of welfare state in Hong Kong. Brockfield (U.S.A).

Avebury

Chan, Steve. 1998: Beyond the welfare state. Houndmills. Basingstoke. McMillan

Chatterjee, Pranab. 1996: Approaches to the Welfare State., Washington, DC., NASW Press

Cho, Lee-Jay.1991: Ethical and Social Influences of Confucianism., Uni. Hawaii Press. Honolulu

Choi, Chun- Song. 1980: Sozialversicherung in Korea. Seoul. Institut für korean Sozialversicherung

Choi, Jang- Jip. 1984: Studien über den politisch- ökonomischen Einfluss der Arbeiterbewegung in Korea, In; koreanische Gesellschaftsforschung, Vol. II,

Chong, Kap-Young. 1991: Einfluss und Bedeutung der Modernisierungstheorien am Beispiel Südkoreas. Tübingen. Diss

Clasen, Jochen. 1999: Cpmparative social policy. Concepts, theories and methods. Oxford. Blackwell Publishers.

Clifford, Mark L.(Hrsg.). 1998: Trobled Tiger. Business, Bureaucrats, and Generals in South Korea. Amonk, N.Y, London. An East Gate Book

Cochrane, Allan/Clarke John(Hrsg.). 1993: Comparing Welfare State. Britain in international context. London. SAGE Publications

Cole, David C./Lyman Princeton N.1971: Korean Development . The Interplay of Politics and Ecovomics. Cambridge, Massachusetts. Havard Uni. Press

Collier,David/Messick,Richard.1975: Prerequisites versus Diffusion: testing alternative explanations of security adoption., In; The American Political Science Review, Vol.69.

Colm, Gerhard. 1969: Analyse nationaler Ziele, In; Finanztheorie, Recktenwald, H.C.(Hrsg), Köln/Berlin
Cutright, Phillips. 1965: „Political Structure, economic development, and social security" American Journal of Sociology. Nr. 70, 1964/65.
Dettling, Warnfried. 1995: Politik und Lebenswelt. Vom Wohlfahrtsstaat zur Wohlfahrtsgesellschaft. Bertelmanns Stiftung
Diarra, Abdramane. 1990: Entwicklungssoziologie. Politische Modernisierung als Bedingung für Wirtschaftswachstum und Entwicklung ?. Frankfurt am Main
Dickson, Anna K. 1997: Development and International Relations. A critical Introduction. Cambridge. Polity Press
Dürr, Ernst/Pfister, Ulrike. 1987: Kolonialpolitik oder Interventionismus als Ursache der Unterentwicklung von Entwicklungsländern. In; Hamburger Jahrbuch, 32Jg, SS. 247-273.
Economic Planing Board. 1977: Annual Report on the economically Active Population Survey. Seoul
Economic Planning Board. 1973: Korea Statitical Yearbook. Seoul.
Eichner, Thomas. 1999: Staatliche Sozialversicherung, individuelle Vorsorge und Arbeitsangebot. Deutscher Universität Verlag
Engel, Bernhard. 1988: Sozialstruktur und soziale Sicherheit. Methodische und inhaltliche Analysen zur Einkommensverteilung und zum Transfersystem. Campus Verlag
Engels, Wolfram. 1979: Eine Konstruktive Kritik des Wohlfahrtsstaates. Tübingen. J.C.B. Mohr
Esping-Andersen, Gosta(Hrsg.). 1996: Welfare state in Transition. National Adaptations in Global Economies. London. SAGE Publications

Estes, Richard/ Morgan, J. 1976: World Social Welfare Analysis., In; International Social Work, Vol.2.

Etzioni, Amitai. 1997: Die Verantwortungsgesellschaft. Individualismus und Moral in der heutigen Demokratie. Frankfurt, N.Y. Campus Verlag

Evers, Adalbert/Svetlik, Ivan(Hrsg.). 1993: Balancing Pluralism. New welfare Mixies in care for the Ederly., Aldershot. Brookfield. Hong Kong. Singapore. Avebury Press

Fach, Wolfgang/Degen, Ulrich(Hrsg.). 1978: politische Legitimität. Frankfurt. Campus Verlag

FAZ, Nr. 103 (vom 4.Mai 1972), S.2.

Fazeli, Rafat. 1996: The Economic Impact of hte welfare state and social wage. Hong Kong. Avebury

Fischer, Bernhard.1992: Freier Kapitalverkehr mit Schwellenländern. Hindernisse im inländischen Finanzsektor und deren Abbau. In; Hamburger Jahrbuch, 37Jg, SS.263-276.

Fischer, Klaus.1989: Die kognitive Konstitution sozialer Strukturen. In; Zeitschrift für Soziologie, 18Jg, Heft 1, SS.16-34.

Fischer, Wolfram. 1972: Wirtschaft und Gesellschaft im zeitalter der Industrialisierung . Göttingen. Vanden hoeck & Ruprecht

Flora, Peter. 1974: Modernisierungsforschung. Zur empirischen Analysen der gesellschaftlichen Entwicklung. Köln.Westdeutscher Verlag

Flora, Peter.1977: Zu Entwicklung der westeuropäischen Wohlfahrtsstaaten. Politische Vierteljahresschrift, 18Jg, Heft 4, SS.707-772.

Flora, Peter.1982: Growth to Limits. The western European Welfare states since

World War II- Germany,U.K, Irland, Italy. Berlin, N.Y. Walter de Gruyter

Flora,P/Heidenheimer, A(Hrsg.), The Development of Welfare States in Europe and America., Priceton,

Flora,Peter. 1975: Indikation der Modernisierung. Köln. Westdeutscher Verlag

Fröbel,F/Heinrichs,J/Kreye, O. The new international division of labour, In; Social Science Information., Vol. 17. 1. 1978.

Geschichte der koreanische Militär Revolution, Vol. 1 (1963), Seoul

Glatzer, W(Hrsg.). 1991: Die Modernisierung moderner Gesellschaften

Goldthorpe,J.E. 1975: The Sociology of the Third World. Disparity and involvement. London, N.Y, Melbourne. Cambridge Uni. Press

Gordon, Hughes.1998 : Imaging welfare futures. Social Policy: welfare, power and diversity. London/N.Y. Routledge

Götting, Ulrike. 1998: Transformation der Wohlfahrtsstaat in Mittel und Osteuropa. Opladen.Leske+Budrich

Göttner, Jens-H. 1988: Arbeitslosigkeit in Entwicklungsländern

Gould, Arthur. 1994: Capitalist Welfare Systems. A Comparision of Japan, Britain and Sweden. N.Y. Longmann Group

Greven/Prätorius/Schiller. 1980: Sozialstaat und Sozialpolitik . Krise und Perspektiven

Habdongtongsin. Yearbook of Habdong, Seoul, 1972.

Habermann, Gerd.1994: Der Wohlfahrtsstaat . Die Geschichte eines Irrwegs. Frankfurt/Main. Propyläen Verlag

Haferkamp, Hans(Hrsg.): Wohlfahrtsstaat und soziale Probleme. Köln.

Westdeutscher Verlag

Hanslinger, Franz/Stönnervenkatarama, Oliver. 1998: Aspects of Distribution of Income. Marburg. Metropolis Verlag

Hauser, Richard(Hrsg.). 1999:Alternative Kozeptionen der sozialen Sicherung. Berlin. Dunker & Humbolt

Heberer, Thomas. 1997: Ostasien und der Westen. Globalisierung oder Regionalisierung? In; ASIEN,Vol 63, April 1997, SS.5—35.

Hegner, Friedhart. 1997: Bürgernähe, Sozialbürgerrolle und sozial Aktion Praxisbezogene Orientierungspunkte für notwendige Änderungen im System der sozialen Sicherung

Heidenheimer, Arnold/Helco, Hugh/Adams, Carilyn. 1990: Comparative Public Policy, St. Martin´s Press, N.Y

Heidenheimer,A. 1973: The Politics of Public Education, Health, and Welfare in the USA and Western Europe., In; British Journal of Political Science., Vol.3, 1973,

Heimann, Eduard. 1980: Soziale Theorie des Kapitalismus. Theorie der Sozialpolitik . Suhrkamp

Heinze, Rolf/Hombach, Bodo/Scherf, Henning(Hrsg.). 1987: Sozialstaat 2000.Bonn. Neue Gesellschaft Verlag

Helgesen, Geir. 1998: Democracy and Authority in Korea.— The cultural dimension in Korean Politics—., Curzon Press, Richmond

Henning,F.—W.. 1974: Das industrialisierte Deutschland 1914 bis 1978. Paderborn. UTB Schöningh

Herder—Dorneich, Philip. 1981: Dynamische Theorie der Sozialpolitik . Berlin. Dunker & Humbolt

Hesse, Kurt/Ischinger, Wolfgang. 1973: Die Entwicklungsschwelle. Berlin. Dunker & Humbolt

Hewitt, Christopher. 1977: The Effect of Political Democracy and Social Democracy on Equality in Industrial Society.,In: American Sociological Review, vol.42.

Hill, Michael. 1997: Understanding Social Policy -5th Edition-. Cambridge. Oxford. Bachwell Publischers

Hirsch, Joachim.1966: Die öffentlichen Funktion der Gewerkschaften, Ernst Klett Verlag, Stuttgart.

Hirsch, Joachim.1980: Das >Modell Deutschland< seine Krise und die neuen sozialen Bewegungen, Europäische Verlagsanstalt,Frankfurt/Main.

Hirsch, Joachim. 1966: Die öffentlichen Funktion der Gewerkschaften, Ernst Klett Verlag, Stuttgart.

Hobbes,T. 1914: Leviathan, Everyman edn. Lindsay, J. Dent, J(Hrsg.). London

Hofmeier, Wilhelm/Thesing, Josef.(Hrsg). 1999: Soziale Sicherheit in Asien. München, Bouvier Verlag

Holthus, Manfred/Shams, Rasul. 1987: Anpassungspolitik und Interessengruppen in Entwicklungsländern. Hamburger Jahrbuch, 32.Jg, SS.275-289.

Horton,Susan(Hrsg.). 1996: Woman and Industrialization in Asia. London, N.Y. Routledge

Hoselitz, Bert F. 1969: Wirtschaftliche Wachstum und Sozialer Wandel. Berlin. Dunker & Humbolt

Huf, Stefan. 1998: Sozialstaat und Moderne. Modernisierungseffekte staatlicher Sozialpolitik . Berlin. Dunker & Humbolt

Hwang,Shin-Joon.1992: Zur kapitalistischen Entwicklung und Kapitalismus-Debatte in Südkorea., Diss. Uni. Bremen.

Iwersen, I/Tuchtfeld, E(Hrsg.) 1993: Sozialpolitik vor neuen Aufgaben. Bern, Stuttgart, Wien. Verlag Paul Haupt

Janoski, Thomas/Hicks, Alexander. 1994: The comparative political Economy of the Welfare State. Cambridge. Cambridge Uni.

John J Johnson(ed). 1964: The military and society in Latin America. Stanford. Stanford uni. Press.

Kantzenbach, Erhard/Mayer, Otto. 1992: Beschäftigungsentwicklung und Arbeitsmarktpolitik. Berlin. Dunker & Humbolt.

Lee, Kark-Bum.1982 Internationale Arbeitstellung und Industriearbeit in Korea, Diss., Bielefeld,

Kaufmann, F.-X.1997: Herausforderungen des Sozialstaates. Frankfurt/Main.

Kaufmann, F.X1983.: Staatliche Sozialpolitik und Familie.,

Kaufmann, F.-X1977:"Sozialpolitisches Erkenntnisinteresse und Soziologie" In; Soziologie und Sozialpolitik, Kölner Zeitschrift für Soziologie und Sozialpsychologie, Sonderheft 19/1977

Kim, Dongkil. 1992: Zur Theorie der Moderne Ungleichzeitigkeit des Gleichzeitigen. Ein Beitrag zur Diskussion um die Moderne in soziologischen Gesellschaftstheorie. Göttingen. Diss

Kim, Eugene C.I.: The Military and National Development in South Korea In; Koreanische Militär Akademy ,

Kim, Jae-Kyung. 1993: Die Bewegung Intellektuellen und Staat Entstehung, Situation und Perspektive der südkoreanische Studentenbewegung. Münster. Diss

Kim, Ock-Hyeon. 1995: Exportorientierte Industrialisierung oder binnenmarktorientierte Entwicklung? Ökonomische, soziale und politische Handlungsräume in Südkorea. Münster. Agenda Verlag

Kim, Sang—Ho. 1992: Sozialversicherungskapital und das Sparen der privaten Haushalte in der B.R.D 1961—1988. Nürnberg. Verlag Dr. Kovac

Kim,Jong—Min.1983: Politik in Südkorea zwischen Tradition und Fort— schritt., Frankfurt/Bern

Klatt,Sigurd. 1959: Zur Theorie der Industrialisierung . Hypothesen über die Bedingungen, Wirkungen und Grenzen eines vorwiegend durch technischen Fortschritt bestimmten wirtschaftlichen Wachstums. Köln/Opladen. Westdeutscher Verlag

Kleinhenz, Gerhard. 1970: Probleme wissenschaftlicher Beschäftigung mit der Sozialpolitik. Dogmengeschichtlicher Überblick und Ent— wurf eines Wissenschaftsprogrammes für die Theorie der So— zialpolitik

Klostermeier, Willi/Maurer, Kurt. 1975: Moderne Sozialpolitik und Ar— beitswelt. Luchterhand

Bank of Korea ,Statistische Bericht, , 1990

Korea Statistik Organisation "Gesellschaftliche Kennziffer in Korea", 1991

Koslowski, Peter/ Kreuzer, Philipp(Hrsg.). 1983: Chancen und Grenzen des Sozialstaates. J.C.B. Mohr, Tübingen

Koslowski, Peter/Folledal, A. 1997: Reconstructing the Welfare State. Theory and Reform of Social Policy. Heidelberg. Springer Ver— lag

Kraus, Otto. 1964: Grundlagen der Gesellschaftspolitik. Berlin. Dunker & Humbolt

Kutsch, Thomas/Wiswede, Günter(Hrsg.). 1978: Arbeitslosigkeit 1. Sozialstrukturelle Probleme

Kwon, Huck-Ju. 1997: Beyond European Welfare Regimes. Comparative Perspectives on East Asian Welfare Systems. In: International Social Policy Vol26,4, SS.467-484. Cambridge Uni. Press

Lal, Deerak/Myint, H 1998: The Political Economy of Poverty, Eqality and Growth. Clarendon Paperbacks, Oxford

Lamnek, Siegfried/Lüdtke(Hrsg.).1999: Der Sozialstaat zwischen "Markt" und "Hedonismus", Opladen. Leske und Budrich

Lavalette, Michael/Pratt, Alan(Hrsg.). 1997: Social Policy. A Conceptual and Theoretical Introduction. New Dehli, London. SAGE Publications

Lee, Phil/Raban, Colin. 1988: Welfare Theory and Social Policy. London. SAGE Publications

Leenen, Wolf-Rainer. 1997: Zur Frage der Wirtschaftsorientierung der marxistisch- leninistischen Sozialpolitik in der DDR. Berlin. Dunker & Humbolt

Leifried, Stephen. 1985: Armutspolitik und die Entstehung des Sozialstaates. Entwicklungslinien sozialpolitischer Existenzsicherung in historischen und internationalen Vergleich. Bremen

Leifried, Stephen/Voges, Wolfgang. 1992: Armut im modernen Wohlfahrtsstaat . Köln. Westdeutscher Verlag

Lessenich, Stephen/Ostner, Illona(Hrsg.). 1998: Welten des Wohlfahrtskapitalismus; Der Sozialstaat in vergleichender Perspektive. Frankfurt/N.Y. Campus Verlag

Lewis ' A.1965: Theory of Economic Growth, London,

Liefmann-Keil, Elisabeth.1961: Ökonomische Theorie der Sozialpolitik, Berlin. Göttingen, Heidelberg

Lösch Dieter. 1987: Die "Umgestaltung" des Sowjetsozialismus. Probleme und Perspektiven im Lichte der sowjetischen Wirtschaftssystemtheorie. In; Hamburger Jahrbuch, 32Jg, SS.221-245.

Lucian W. Pye. 1962: Armies in the Process of political Modernization In: John J. Johnson (ed). Princeton, N.Y

Luhmann, Niklas. 1981: Politische Theorie im Wohlfahrtsstaat. München. Günter Olzog Verlag

Lukas- Emons, Waltrud. 1996: Die Politikentwicklung der Migration und des Arbeitsmarktes in Deutschland. Engelsbach/Frankfurt. Hänsel-Hohenhausen.

Mancur, Olson.: Rapid Growth as a Destabilisierung Force, In; Journal of Economic History 23. 1963.

Maschall; Thomas H.. 1992: Bürgerrechte und soziale Klassen. Zur Soziologie des Wohlfahrtsstaates. Campus Verlag

Mason, E./Kim, M.J./Perkins, D/Kim, K.S/Cole, D.(Hrsg).1980: The Economic and Social Modernization of the Republic of Korea., Cambridge Uni. Press, Cambridge. London.

Mason, E./Kim, M.J./Perkins, D/Kim, K.S/Cole, D.(Hrsg).1980: The Economic and Social Modernization of the Republic of Korea., Cambridge Uni. Press, Cambridge. London

Matzner, Egon. 1982: Der Wohlfahrtsstaat von morgen. Entwurf eines zeitgemäßen Musters staatlicher Intervention. Campus Verlag

McDonald, Donald. S.1996: The Koreans, West View press, Oxford.

Menzel, Ulich. 1985: In der nachholende Europas, München.

Metz, Karl H. 1988: Industrialisierung und Sozialpolitik. Das Problem der sozialen Sicherheit in G.B 1795- 1911. Göttingen/Zürich. Vandenhoeck & Ruprecht

Meyer- Stamer, Jörg.1990: Mit Mikroelektronik zum "Best Practice"?. Radikaler technologischer Wandel, neue Produktionskonzepte und Perspektiven der Industrialisierung in der Dritten Welt. In: Peripherie Nr.38 SS 30-50.

Michaell, Sullivan. 1992: The Politics of Social Policy. N.Y/London. Harvester

Midgley, James. 1997: Social Welfare in Global context. London

Midgley, James.1995: Social Development. The Developmental Perspektive in social welfare. London. SAGE Publications

Midgley, James.1986: Industrialization and Welfare. The Case of the Four Little Tiger In: Social and Administration Vol. 20 Nr.3, SS.225-238.

Midgley, James1984: Social Security, Inequality and the third world. N.Y/London/Toronto/Singapore. John Wiley & Sons

Minister of Labour.1977: Yearbook of Labous Statistic., Seoul

Minister of Labour. 1978: Report on Occupational WageSurvey, Seoul

Mishra, Ramesh. 1981: Society and Social Policy. London. McMillan Press LTD

Mishra, Ramish. 1984: Accumulation is one of the major sources of legitimation of the capitalist system.

Molitor, Bruno.1990: Sozialpolitikgeschichte in theoretischer Sicht. Hamburger Jahrbuch, 35Jg, SS.149-170.

Molitor, Bruno.1988: Bemerkungen zur Sozialpolitischen Theorie. Hamburger Jahrbuch, 33Jg, SS.171-188.

Molitor, Bruno. 1987: Soziale Sicherung. Vahlen Verlag

Molitor, Bruno.1985: Wirtschaftstätigkeit des Staates in der Marktwirtschaft. Hamburger Jahrbuch, 30Jg, SS.37-48.

Molitor, Bruno.1982: Marktwirtschaft und Wohlfahrtsstaat. Weltarchiv Verlag

Molitor, Bruno.1982: Wohlfahrtsstaat. Die Realisierte Utopie. J.P.Bachem

Mommensen. 1982: Die Entstehung des Wohlfahrtsstaates in G.B und Deutschland 1850- 1950. Klett- Cotta

Morel ,Julius. 1997: Soziologische Theorie 5.Auflage: Abriß der Ansätze ihrer Hauptvertreter. München, Wien. Oldenbourg.

Myrdal. Gunnar.1973: Asiatisches Drama. Eine Untersuchung über die Armut der Nationen. Frankfurt. Suhrkamp Verlag

Myrdal. Gunnar.1971: Politische Manifest über die Armut in der Welt Frankfurt. Suhrkamp Verlag

Myrdal. Gunnar.1961: Jenseits des Wohlfahrtsstaates. Stuttgart. G.Fischer Verlag

Nohlen, D./Nuscheler, F (Hrsg.), Handbuch der dritten Welt, Band 8, 2., Hamburg,

Offe, C. 1982:Some Contradictions of the modern welfare state.,In: Critical Social Policy, Vol.2, No.2.

Opitz, Peter. J.1997: Grundprobleme der Entwicklungsländer, der Süden an der Schwelle zum 21.Jh. München, Verlag C.H.Beck

Opitz, Peter. J(Hrsg). 1991: Grundprobleme der Entwicklungsländer. München, Beck´sche Verlagsbuchhandlung

Park, Chun- Sik. 1985: Zum Verhältnis zwischen Gewerkschaften und Staat, Seoul

Park, Joon-Sup. 1990: Funktion und Grenzen der Sozialversicherung als Maßnahmen der Sozialpolitik in Korea. Konstanz. Diss

Park,Chung-Hee. 1964: Ein Weg für unser Volk, Seoul,

Pechman,Joseph/ Aaron, Henry/Taussig, Michael. 1968: Social Security. Perspectives for Reform, The Brookings Institution, Washington D.C

Peillon, Michel.1998: Bourdieu's Field and the Sociology of Welfare. International Social Policy.Vol 27,2, SS 213- 229

Pfaff, Martin/Voigtlände, Hubert: Sozialpolitik im Wandel. Verlag Neue Gesellschaft GmbH

Pilat, Dirk. 1993: The Economics of Catch up: The Experience of Korea and Japan. Gronningen. Diss

Pilz, Frank. 1998: Der Steuerungs- und Wohlfahrtsstaat Deutschland. Leske + Budrich, Opladen

Pinch, Steven. 1997: Worlds of Welfare. London/N.Y. Routledge

Piven, Frances/Cloward, Richard. 1971: Regulating the poor,

Planungsabteilung(1965) : Zwischenurteil des erste Fünfjahresplan

Plessner, Helmut. 1982: Die Verspätete Nation. Suhrkamp

reller, Ludwig.1978: Sozialpolitik in der Weimarer Republik. Düsseldorf. Athenäum/Droste Taschenbücher. Geschichte

Prisching, Manfred. 1996: Bilder des Wohlfahrtsstaates. Metropolis Verlag, Marburg

Przeworski,P.1986: Capitalism and Social Democracy.,

Ravenhill, John. 1995: China, Korea and Taiwan 1. Cambridge. Cambridge Uni. Press

Rein, M/Rainwater, Lee. 1986: Public/Private interplay in social Protection

Rieger, Elmar.1992: Die Industrialisierung des Wohlfahrtsstaates

Rimlinger, Gustav V. 1971: Welfare Policy and Industrialisization in Europa, America and Russia. N.Y/London/Sydney/Toronto. John

Willy & Sons Inc.
Ringen, Stein. The possibility of politics. - A study in the political economy of the welfare state., 2.
Ritter, Gerhard. 1980: Staat, Arbeiterschaft und Arbeiterbewegung in Deutschland. Verlag J.H.W. Dietz Nchf, Berlin. Bonn
Ritter, Gerhard.1989: Der Sozialstaat Entstehung und Entwicklung im internationalen Vergleich., München, Oldenbourg Verlag
Röder-Sorge, Arndt. 1975: Industrialisierung, Interessenvertretung, Wertrationaität. Zur makrosotiologischen Erklärung verschiedenartiger Reaktionen auf einheitliche Entwicklungsanstöße. In; Soziale Welt, 26Jg, SS.357-384.
Sachsenröder, Wolfgang/Frings, Ulrike E.(Hrsg.). 1998: Political Party Systems and Democratic Development in East and Southeast Asia. Aldershot/Brookfield USA/Singapore/Sydney. Ashgate
Schäfer, Hans- Bernd. 1995: Bevölkerungsdynamik und Grundbedürfnisse in Entwicklungsländern. Berlin. Dunker & Humbolt
Schmid, Günter. 1987: Zur politisch- institutionellen Theorie des Arbeitsmarktes. Die Rolle der Arbeitsmarktpolitik bei der Wiederherstellung der Vollbeschäftigung. In; Politische Vierteljahresschrift, Heft 2, SS.133-161.
Schmid, Josef. 1998: Herkunft und Zukunft der Wohlfahrt. Entwicklungspfade zwischen ökonomischem Globalisierungsdruck, staatlich vermittelter Solidarität und gesellschaftlicher Leistung im Vergleich. Tübingen.
Schröder, Dieter. 1968: Wachstum und Gesellschaftspolitik. Gesellschaftliche Grundlagen der längerfristigen Sicherung des wirtschaftlichen Wachstums. Stuttgart, Berlin, Köln, Mainz. Verlag

W. Kohlhammer

Schulte, Eckard. 1996: Staatliche Arbeitsmarktpolitik im Transformationsprozess ausgewählter Staaten Osteuropas (Polen, Ungarn, Tschechin). Mainz. Diss

Seidel, Bruno.1956 : HDSW, Band 9, Stuttgart, Tübingen und Göttingen.

Seoul Shinmun ,11. März. 1963.

Serfas, Alexander.1987: An der Schwelle zum Industrieland: die wirtschaftliche Entwicklung Südkoreas 1963 - 1983., Peter Lang Verlag, Frankfurt/ Main

Shalev, Michael. 1983: The Social Democratic Model and Beyond: Two Generations of comparative Research on the welfare state. In; Comparative Social Research, Vol. 6,

Shams, Rasul. 1992: IWF, Weltbank und Anpassungskonflikt in Entwicklungsländern. In; Hamburger Jahrbuch, 37Jg, SS.245-261.

Shin, Gi- Wook. 1998: Agrarian Conflict and the Origins of Korean Capitalism. In; American Journal of Sociology, Vol 103, Nr 5, SS.1309-1351.

Siebert, Horst. 1998: Redesigning Social Security. Tübingen. Mohr Siebeck

Sin, Soo - Sik, 1978: Theorie der Sozialversicherung., Seoul,

Skocpol, T/Evans, P/Rueschemeyer, D. 1992: Strategies of Analysis in Current Research.,

Son, Jun - Kyu. 1983: Einführung in die Theorie der sozialen Sicherheit und Sozialentwicklung., Seoul,

Song, Byung- Rok. 1992: Ein Beitrag zur Debatte um die Rolle des Militärs in der Dritten Welt unter Entwicklungstheoretischen

Gesichtspunkten. Frankfurt. Diss

Song, Du- Yul. 1990: Kapitalismus, soziale Bewegungen und Gesell-schaftsformation im Südkorea. Eine kritische Bestandsaufnahme. Münster. WURF Verlag

Stolleis, Michael.1979 : Die Sozialversicherung Bismarks. Politisch-institutionelle Bedingungen ihrer Entstehung In; Zacher, H(Hrsg) Bedingungen für die Entstehung und Entwicklung von Sozial-versicherung. SS.387-411.

Strasser, Johano. 1979: Grenze des Sozialstaates. soziale Sicherung in der Wachstumskrise. Europäische Verlag.

Straubhaar, Thomas. 1993: Leitbilder der Sozialpolitik. In; Hamburger Jahrbuch 38Jg, SS.155-171.

Struwe, Jochen: Wachstum durch Sozialpolitik . Wie Sozialpolitik Wachstum und Wohlfahrt fördert

Suh, Kwan- Mo, Forschung über Struktur der Koreanische Klasse.

Suh, Sang-Mok. 1985: Impact of Adjustment and Stabilization Poilicies on Social Welfare, Seoul.

Taylor- Gooby, Peter.1997: In Defence of Second-best Theory. State, Classand Capital in Social Policy. In; International Social Policy. Vol 26,3, pp.171-192.

Taylor, David. 1998: Social Identity and Social Policy. Engagements with Postmodern Theory. International Social Policy. Vol 27,3, SS.329-350.

Tennstedt, Florian. 1981: Sozialgeschichte der Sozialpolitik in Deutsch-land vom 18Jh bis zum Ersten Weltkrieg

Tennstedt, Florian.1983: Vom Proleten zum Industriearbeiter. Arbeit-erbewegung und Sozialpolitik in Deutschland 1800 bis 1914. Bund

Verlag, Köln

Tennstedt, Florian/Sachße, Christoph: Der Wohlfahrtsstaat im Nationalsozialismus. Geschichte der Armenfürsorge in Deutschland

The Bank of Korea: National Income Accounts, 1984

The World of Bank,1975: The Task Ahead for the Cities of the Developing Countries

Therborn,Goran.1986: "Karl Marx Returning" In; International Political Science Review, Vol 7, No 2, SS.131-164.

Thiemeyer, Theo(Hrsg.). 1990: Theoretische Grundlagen der Sozialpolitik, Duncker & Humbolt, Berlin.

Vaubel, Roland. 1989: Der Mißbrauch der Sozialpolitik in Deutschland. Historischer Überblick und Politisch- Ökonomische Erklärung. In; Hamburger Jahrbuch,34Jg, SS 39-64.

Vobruba, Georg.1989: Der wirtschaftliche Wert der Sozialpolitik . Berlin. Dunker & Humbolt

Vobruba, Georg.1991: Jenseits der sozialen Frage. Modernisierung und Transformation von Gesellschaftssystem, Suhrkamp Verlag, Frankfurt/M

Voegelin, Erich. 1997: Der autoritäre Staat. Wien/N.Y. Springer Verlag

Von Ferber, Christian/Kaufmann, Franz- Xaver(Hrsg.). 1977: Soziologie und Sozialpolitik. Köln. Westdeutscher Verlag

Weisser, Gerhard. 1978: Beiträge zur Gesellschaftspolitik. Verlag Otto Schwartz & Co.

Widmaier, Hans P.1999: Demokratische Sozialpolitik .Zur Radikalisierung des Demokratieprinzips. Tübingen. Mohr Siebeck

Widmaier, Hans P..1976: Sozialpolitik im Wohlfahrtsstaat. Hamburg

Winterstein, H(Hrsg.). 1986: Sozialpolitik in der Beschäftigungskrise. Berlin. Duncker & Humbolt

Winterstein, H.1969: Sozialpolitik mit anderen Vorzeichen. Zur Frage stärken Betonung von persönlicher Freiheit und Selbstverant- wortung in der westdeutschen Sozialpolitik unter besonderer Berücksichtigung der Sozialversicherung. Berlin. Dunker & Humbolt

Yang,Sung-Chul.1994:The North and South Korean Political System: A comparative Analysis. Boulder, Westview Press.

Zacher, H(Hrsg). 1979: Bedingungen für die Entstehung und Entwick- lung von Sozialversicherung. Berlin. Dunker & Humbolt

Zerche/Gründger. 1982: Sozialpolitik,. Werner Verlag

Zhang, Wei-Bin. 1999:Confucianism and Modernization. Industrial- ization and Democratization of the confucian Regions. London/N.Y. McMillan Pres

후발 공업국가에서 복지국가의 생성

2025년 7월 10일 초판 발행

저 자 │심 성 지
발행인 │이 승 한
편 집 │임 선 실
발행처 │도서출판 엠-애 드
등 록 │제2-2554
주 소 │서울시 중구 마른내로 8길 30
전 화 │02)2278-8063/4
팩 스 │02)2275-8064
이메일 │madd1@hanmail.net

ISBN: 978-89-6575-186-1(93300)
값 20,000원

저자와의 합의하에 인지 첨부 생략합니다.
파본은 구입하신 서점에서 교환해 드립니다.
이 책은 저작권법에 의해 보호를 받는 저작물이므로
무단전재와 복제를 금합니다.